中小企業診断士
最速合格のための
スピード問題集

2 財務・会計

ご注意ください

本書はTAC中小企業診断士講座がこれまでに実施した「公開模試、完成答練、養成答練」から良問を精選、収録したものです。これまでに受講されたことのある方はご注意のうえ、ご利用ください。なお、法改正などに対応させるため、必要に応じて改題しています。

2021年度版「スピード問題集」の刊行にあたって

　2005年3月に刊行された本書「スピード問題集」は、インプット用の基本テキストである**「スピードテキスト」シリーズに準拠**した、アウトプット用教材です。試験傾向、つまり難易度や出題領域、問題文の構造などは毎年多少なりとも変化しています。本書に収載する問題は、そのような試験傾向の変化を見ながら毎年2～3割程度を入れ替えていますので、**最新の試験傾向を意識した効率的な学習が可能**となっています。

　中小企業診断士試験は非常に範囲の広い試験です。60％の得点で合格できることを考えると、学習領域の取捨選択は大変重要です。
　「スピードテキスト」と本書「スピード問題集」を併せてご利用していただければ、適切な領域を、適切な深さまで効率的に学習することが可能です。難易度が高い試験ですが、効率的に学習を進めて合格を勝ち取ってください。

ＴＡＣ　中小企業診断士講座
講師室、事務局スタッフ一同
2020年8月

本書の特色

　本書で取り上げている問題は、おおむね小社刊「スピードテキスト」の章立てに沿っています。出題領域も、原則として「スピードテキスト」の内容をベースにしていますので、「スピードテキスト」の学習進度に合わせた問題演習が可能となっています。

チェック欄
　演習をした日付を記入するためのチェック欄を設けています。演習は繰り返し行いましょう。

問題 30　資金調達構造

次の文中の空欄A〜Dに当てはまる語句の組み合わせとして、最も適切なものを下記の解答群から選べ。

　企業の資金調達方法には大きく分けて、外部金融と内部金融がある。外部金融は、企業外部から資金調達する方法で、[A]、[B]、[C]に細分される。[A]の具体例には買掛金があり、[B]の具体例には借入金があり、[C]の具体例には[D]がある。

〔解答群〕
ア　A：企業間信用　B：間接金融　C：直接金融　D：株式発行
イ　A：企業間信用　B：直接金融　C：間接金融　D：社債発行
ウ　A：企業間信用　B：間接金融　C：直接金融　D：内部留保
エ　A：間接金融　　B：企業間信用　C：直接金融　D：社債発行

　問題ページと解答・解説ページが見開きとなり、答をかくすシートもついて、さらに学習しやすくなりました。移動時間やランチタイムに、ぜひ活用してください！

『スピードテキスト』とのリンク

各解説の冒頭に、「スピードテキスト」の該当箇所を表示しています。これにより、問題演習時に発生した疑問点についても、よりスムーズに解決することができます。

解説

スピテキLink ▶ 第6章4節1項

POINT 資金調達構造に関する問題である。企業の資金調達構造には、外部金融と内部金融があること、外部金融には企業間信用と間接金融と直接金融があり、間接金融は銀行等からの借入、直接金融は株式や社債の発行などがあることを押さえておこう。

ポイント

その問題のテーマや要点をまとめています。

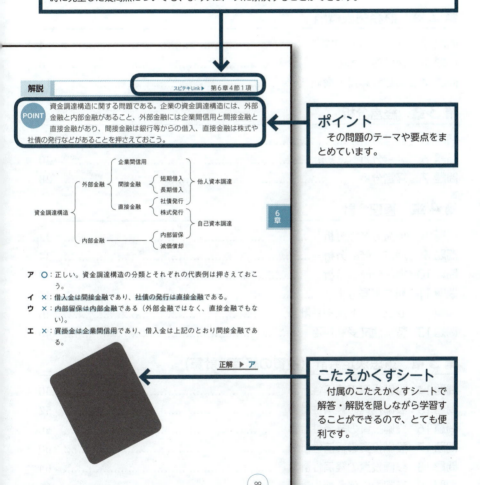

ア ○：正しい。資金調達構造の分類とそれぞれの代表例は押さえておこう。
イ ×：借入金は間接金融であり、社債の発行は直接金融である。
ウ ×：内部留保は内部金融である(外部金融ではなく、直接金融でもない)。
エ ×：買掛金は企業間信用であり、借入金は上記のとおり間接金融である。

正解 ▶ ア

こたえかくすシート

付属のこたえかくすシートで解答・解説を隠しながら学習することができるので、とても便利です。

目　次

第1章　財務・会計とは
問題 1　貸借対照表と損益計算書の関連性 2

第2章　財務諸表概論
問題 2　貸借対照表の構造 4
問題 3　貸借対照表の表示区分 8
問題 4　損益計算書の構造 12

第3章　経営分析
問題 5　経営分析 14
問題 6　経営分析 20
問題 7　経営分析 28

第4章　管理会計
問題 8　損益分岐点分析 32
問題 9　損益分岐点分析 34
問題10　損益分岐点分析 38
問題11　利益差異分析 44
問題12　セグメント別損益計算 46
問題13　特別注文受託可否 48

第5章　意思決定会計（投資の経済性計算）
問題14　設備投資の経済性計算 50
問題15　設備投資の経済性計算 52
問題16　設備投資の経済性計算 56
問題17　設備投資の経済性計算 60
問題18　設備投資の経済性計算 64
問題19　売却損に伴う節税効果 66

第6章　ファイナンスⅠ（企業財務論）
問題20　株式の理論価格 70

問題21	株式指標	74
問題22	株式指標	78
問題23	株式指標	80
問題24	債券の価格	82
問題25	加重平均資本コスト	84
問題26	加重平均資本コストの計算	86
問題27	企業価値	88
問題28	企業価値	90
問題29	企業価値	94
問題30	資金調達構造	98
問題31	企業価値（MM理論）	100
問題32	企業価値（MM理論）	102

第7章　ファイナンスⅡ（証券投資論）

問題33	ポートフォリオ理論	104
問題34	ポートフォリオ理論	112
問題35	ポートフォリオ理論	116
問題36	CAPM	118
問題37	CAPM	120
問題38	為替先物予約	122
問題39	オプション取引	124
問題40	オプション取引	126
問題41	オプション取引	128

第8章　貸借対照表および損益計算書の作成プロセス

問題42	貸借対照表の構造	132
問題43	勘定	134
問題44	勘定	138
問題45	商品有高帳	140
問題46	期末商品棚卸高の計算	142
問題47	引当金	144
問題48	決算整理	146
問題49	経過勘定	150
問題50	精算表	152
問題51	精算表	156

第9章 キャッシュフロー計算書の作成プロセス

問題52 キャッシュフロー計算書 162
問題53 キャッシュフロー計算書 164
問題54 キャッシュフロー計算書 166

第10章 原価計算

問題55 個別原価計算 168
問題56 個別原価計算 170
問題57 総合原価計算 174
問題58 総合原価計算 176
問題59 標準原価計算 178
問題60 標準原価計算 180

第11章 会計規則

問題61 税効果会計 182
問題62 税効果会計 184
問題63 減損会計 190
問題64 減損会計 192
問題65 株主資本等変動計算書 194
問題66 剰余金の配当による準備金の計上 198
問題67 リース取引 200
問題68 連結財務諸表に関する会計基準 202

財務・会計

問題1 貸借対照表と損益計算書の関連性

次の表の空欄Aに入る最も適切な金額を下記の解答群から選べ（単位：千円）。

（単位：千円）

期首		期末		収益	費用	純資産の変動		
資産	負債	資産	負債			当期純損益	その他 増加	その他 減少
A	290	700	360	900	820	（ ）	130	110

〔解答群〕
ア 530
イ 600
ウ 690
エ 840

解説

スピテキLink ▶ 1章1節4項

POINT 貸借対照表および損益計算書の関連性に関する問題である。一会計期間に得られた純利益は期末の純資産に加えられるということがポイントである。また、このような問題では次のように図を描き、与えられている数値を設定して、求めたい空欄Aを算出すると解きやすくなる。

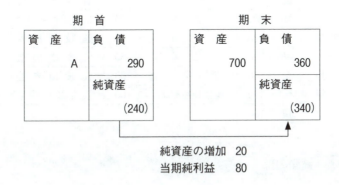

期首純資産＋純資産の増加20＋当期純利益80＝期末純資産340
∴ 期首純資産＝240
したがって、空欄A＝290＋240＝530（千円）となる。

正解 ▶ ア

問題2　貸借対照表の構造

以下の資料（貸借対照表の勘定科目と数値）に基づいて、次の各設問に答えよ。

【資　料】　　　　　　　　　　　　　　　　　　　　　　　　（単位：百万円）

受 取 手 形	200	利 益 準 備 金	30	未 収 収 益	20
備　　　　品	100	長 期 貸 付 金	100	資　本　金	250
建　　　　物	200	支 払 手 形	100	退職給付引当金	50
短 期 借 入 金	200	前 払 費 用	30	建 設 仮 勘 定	50
商　　　　品	300	未 払 費 用	50	資 本 準 備 金	20
買　掛　金	100	商　標　権	100	任 意 積 立 金	300
売　掛　金	100	繰越利益剰余金	100	現 金 及 び 預 金	100
社　　　　債	100				

設問1　資産の部

当該貸借対照表の流動資産と固定資産の数値の組み合わせとして最も適切なものはどれか（単位：百万円）。

ア　流動資産：730　　固定資産：570
イ　流動資産：750　　固定資産：550
ウ　流動資産：770　　固定資産：550
エ　流動資産：800　　固定資産：500

設問2　負債・純資産の部

当該貸借対照表の流動負債、固定負債、純資産の数値の組み合わせとして最も適切なものはどれか（単位：百万円）。

ア　流動負債：400　　固定負債：200　　純資産：250
イ　流動負債：450　　固定負債：150　　純資産：250
ウ　流動負債：450　　固定負債：150　　純資産：700
エ　流動負債：500　　固定負債：100　　純資産：700

| 解説 | スピテキLink ▶ 2章2節1～4項 |

貸借対照表とは、企業の資金調達源泉と運用形態の一覧表である。
与えられた資料を並び替えて貸借対照表を作成すると、次のようになる。

貸借対照表
（単位：百万円）

流動資産	(750)	流動負債	(450)
現金及び預金	100	支払手形	100
受取手形	200	買掛金	100
売掛金	100	短期借入金	200
商品	300	未払費用	50
前払費用	30	固定負債	(150)
未収収益	20	社債	100
固定資産	(550)	退職給付引当金	50
建物	200	純資産	(700)
備品	100	資本金	250
建設仮勘定	50	資本準備金	20
商標権	100	利益準備金	30
長期貸付金	100	任意積立金	300
		繰越利益剰余金	100
資産合計	1,300	負債・純資産合計	1,300

設問 1

POINT

流動資産と固定資産の各勘定科目名を正確に把握することが重要である。特にここでは、経過勘定である前払費用と未収収益を流動資産の項目に分類できたかがポイントである（単位：百万円）。

イ ○：流動資産＝100（現金及び預金）＋200（受取手形）＋100（売掛金）
　　　　　　＋300（商品）＋30（前払費用）＋20（未収収益）＝750
　　固定資産＝200（建物）＋100（備品）＋50（建設仮勘定）
　　　　　　＋100（商標権）＋100（長期貸付金）＝550

正解 ▶ イ

設問 2

POINT 設問1と同様に、貸借対照表の区分とその構成要素をしっかり把握することが求められる。経過勘定である未払費用を流動負債に分類できたか、さらに、負債性引当金である退職給付引当金を固定負債に分類できたかがこの問題のポイントである。参考までに、経過勘定の区分を下記に示すので、しっかりと把握していただきたい（単位：百万円）。

前払費用（前払家賃など）、未収収益（未収利息など）：流動資産
前受収益（前受家賃など）、未払費用（未払利息など）：流動負債

ウ 〇：流動負債＝100（支払手形）＋100（買掛金）＋200（短期借入金）
　　　　　　　＋50（未払費用）
　　　　　　＝450
　　　固定負債＝100（社債）＋50（退職給付引当金）
　　　　　　＝150
　　　純 資 産＝250（資本金）＋20（資本準備金）＋30（利益準備金）
　　　　　　　＋300（任意積立金）＋100（繰越利益剰余金）
　　　　　　＝700

正解 ▶ **ウ**

Memo

問題3 貸借対照表の表示区分

流動資産と固定資産の区分に関する記述として、最も不適切なものはどれか。

ア 主たる営業取引により発生した債権には、破産債権、更生債権（1年以内に回収されないことが明らかなもの）を除き、流動資産として分類される。

イ 定期預金に、一年基準が適用され、流動資産または固定資産に分類される。

ウ 固定資産のうち残存耐用年数が1年以下となったものは、流動資産に分類される。

エ 前払費用については、貸借対照表日の翌日から起算して1年を超える期間を経て費用となるものは、投資その他の資産に属する。

解説

スピテキLink ▶ 2章2節1・2項

POINT 貸借対照表における流動・固定の分類基準に関する問題である。各資産・負債の項目が流動・固定のいずれに属するのかが問われている。

まず、売掛金、受取手形、買掛金、支払手形といった取引先との通常の営業取引によって生じた債権・債務や、商品などの棚卸資産を流動項目に分類するという正常営業循環基準が適用される。

次に、正常営業循環基準に該当しない資産・負債（営業上の債権・債務でないもの）について、決算日の翌日から1年以内に決済期日が到来するものを流動項目に、それ以外は固定項目に分類するという一年基準が適用される。

ア ○：正しい。受取手形、売掛金、前払金、支払手形、買掛金、前受金等の当該企業の主目的たる営業取引により発生した債権および債務は、流動資産または流動負債に属するものとする。
ただし、これらの債権のうち、破産債権、更生債権およびこれに準ずる債権で1年以内に回収されないことが明らかなものは、固定資産たる投資その他の資産に属するものとする。

貸借対照表

流動資産 売掛金	
固定資産 投資その他の資産 破産更生債権等	

イ ○：正しい。定期預金は、正常な営業循環の過程外にある項目であるため、一年基準が適用される。
なお、預金は、貸借対照表日の翌日から起算して1年以内に期限が到来するものは、流動資産に属するものとし、期限が1年を超えて到来するものは、投資その他の資産に属するものとする。

貸借対照表

流動資産	
現金預金	
固定資産	
投資その他の資産	
長期預金	

- ウ ✕：固定資産のうち残存耐用年数が1年以下となったものは、<u>流動資産とせず、固定資産に含まれる</u>。
　　なお、棚卸資産のうち恒常在庫品として保有するものもしくは余剰品として長期間にわたって所有するものは、固定資産とせず流動資産に含ませるものとする。
- エ 〇：正しい。前払費用については、貸借対照表日の翌日から起算して1年以内に費用となるものは、流動資産に属するものとし、1年を超える期間を経て費用となるものは、投資その他の資産に属するものとする。

貸借対照表

流動資産	
前払費用	
固定資産	
投資その他の資産	
長期前払費用	

正解 ▶ ウ

Memo

問題4 損益計算書の構造

次の項目に基づき、損益計算書における営業利益の金額として最も適切なものはどれか。

総売上高	1,000	当期商品仕入高	750	期首商品棚卸高	30
期末商品棚卸高	50	仕入値引	50	売上割引	10
販売費・一般管理費	250				

- **ア** 30
- **イ** 60
- **ウ** 70
- **エ** 120

解説

スピテキLink ▶ 2章3節1・2項、8章5節1項

POINT 損益計算書における営業利益に関する問題である。与えられた資料の仕入値引は、仕入高から控除することになるが、売上割引は営業外費用に区分されるため、営業利益の計算上、考慮する必要がない。

売上割引（早期決済により売上側で掛代金の一部を免除した金額）については、支払利息的性格を有するため、「売上割引」という費用の勘定で処理することになり、営業外費用に計上する。「売上」という文字が付くが、収益項目ではないことに注意する。

営業利益までの計算過程は次のようになる。

売 上 高		1,000
売 上 原 価		
期首商品棚卸高	30	
当期商品仕入高	700	（仕入高 750 －仕入値引 50）
合　計	730	
期末商品棚卸高	50	680
売上総利益		320
販売費・一般管理費		250
営 業 利 益		70

正解 ▶ **ウ**

問題5　経営分析

B社の前期と当期の比較要約貸借対照表と当期の要約損益計算書に基づいて以下の各設問に答えよ（単位：千円）。

比較要約貸借対照表

	前期	当期		前期	当期
現金及び預金	180	200	買 入 債 務	600	500
売 上 債 権	600	500	長 期 借 入 金	600	900
棚 卸 資 産	220	300	資 本 金	1,000	1,000
固 定 資 産	1,400	1,700	利 益 剰 余 金	400	600
繰 延 資 産	200	300			
	2,600	3,000		2,600	3,000

要約損益計算書

売 上 高	7,000
売 上 原 価	4,000
（　？　）	3,000
販 管 費	1,500
（　？　）	1,500
営業外収益	400
営業外費用	500
（　？　）	1,400
特 別 損 失	900
（　？　）	500
法人税,住民税及び事業税	200
当期純利益	300

（注）要約損益計算書の（？）には各段階の利益が入る。

設問1　当座比率

B社の当期の当座比率として最も適切なものはどれか。

ア 130%　　**イ** 140%　　**ウ** 150%　　**エ** 160%　　**オ** 170%

設問 2　ROE

B社の当期のROEとして最も適切なものはどれか。

ア　10％　　イ　19％　　ウ　20％　　エ　30％　　オ　32％

設問 3　売上高経常利益率

B社の当期の売上高経常利益率として最も適切なものはどれか。

ア　4％　　イ　7％　　ウ　20％　　エ　21％　　オ　42％

設問 4　棚卸資産回転率

B社の当期の棚卸資産回転率として最も適切なものはどれか。

ア　19回　　イ　21回　　ウ　23回　　エ　25回　　オ　27回

設問 5　総資本回転率

B社の当期の総資本回転率として最も適切なものはどれか。

ア　2.2回　　イ　2.3回　　ウ　2.4回　　エ　2.5回　　オ　2.6回

設問 6　固定長期適合率

　B社の当期の固定長期適合率について述べた次の文章のうち最も適切なものはどれか。

ア　B社の当期の固定長期適合率は68％であり、この比率は100％以下であることが必要である。
イ　B社の当期の固定長期適合率は68％であり、この比率は100％以上であることが必要である。
ウ　B社の当期の固定長期適合率は147％であり、この比率は100％以下であることが必要である。
エ　B社の当期の固定長期適合率は147％であり、この比率は100％以上であることが必要である。
オ　B社の当期の固定長期適合率は75％であり、この比率は100％以下であることが必要である。

解説

スピテキLink ▶ 3章2節2・3項、3節2項、4節2項

設問 1

当座比率は支払能力を評価するためのきわめて重要な指標であり、100％以上であることが望ましい。また、この比率は次の計算式で求める。

$$当座比率 = \frac{当座資産（※）}{流動負債} \times 100 = \frac{700}{500} \times 100 = 140\,(\%)$$

※当座資産＝現金預金＋売上債権＝200＋500＝700

イ ○：当座比率＝140％

正解 ▶ イ

設問 2

ROEとは自己資本利益率のことであり次の計算式で求める。

$$ROE（自己資本利益率）= \frac{当期純利益}{自己資本（※）} \times 100 = \frac{300}{1,500} \times 100 = 20\,(\%)$$

※資本利益率は、1期間のフロー（利益、売上）と1時点のストック（資本）から算定される。基準を合わせるためにストックについては、原則として期中平均値を用いることになる。

$$自己資本 = \frac{前期自己資本＋当期自己資本}{2} = \frac{1,400＋1,600}{2} = 1,500$$

ウ ○：自己資本利益率＝20％

正解 ▶ ウ

設問 3

問題の資料の要約損益計算書の空欄に入る各段階の利益は、上から順に売上総利益、営業利益、経常利益、税引前当期純利益となる。よって、経常利益は1,400である。

売上高経常利益率は次の計算式で求める。

$$売上高経常利益率 = \frac{経常利益}{売上高} \times 100 = \frac{1,400}{7,000} \times 100 = 20（\%）$$

ウ ○：売上高経常利益率＝20％

正解 ▶ **ウ**

設問 4

棚卸資産回転率とは棚卸資産の消化速度を示しており、この比率が高いほど棚卸資産の消化（販売）速度が速いといえる。

棚卸資産回転率は次の計算式で求める。

$$棚卸資産回転率 = \frac{売上高}{棚卸資産（※）} = \frac{7,000}{260} ≒ 27（回）$$

$$※棚卸資産 = \frac{前期棚卸資産＋当期棚卸資産}{2} = \frac{220＋300}{2} = 260$$

オ ○：棚卸資産回転率＝27回

正解 ▶ **オ**

設問 5

POINT 総資本回転率は次の計算式で求める。

$$総資本回転率 = \frac{売上高}{総資本（※）} = \frac{7,000}{2,800} = 2.5（回）$$

※総資本 $= \dfrac{前期総資本＋当期総資本}{2} = \dfrac{2,600＋3,000}{2} = 2,800$

エ ○：総資本回転率＝2.5回

正解 ▶ **エ**

設問 6

POINT 固定長期適合率とは1年を超えて運用されている固定資産が、長期資本によってどの程度カバーされているのかを示す指標である。固定資産は長期にわたって資本が拘束されるため、その調達源泉は長期資本であるべきであり、固定長期適合率は100％以下であることが必要である。

固定長期適合率は次の計算式で求める。

$$固定長期適合率 = \frac{固定資産}{自己資本＋固定負債} \times 100 = \frac{1,700}{1,600＋900} \times 100 = 68（\%）$$

ア ○：固定長期適合率は68％であり、100％以下であることが必要である。

正解 ▶ **ア**

Memo

問題 6　経営分析

A社の第10期の貸借対照表（要旨）と損益計算書（要旨）に基づいて、以下の各設問に答えよ（単位：千円）。

貸借対照表（要旨）

現金及び預金	5,000	支払手形	11,500
受取手形	15,000	買掛金	8,500
売掛金	10,000	短期借入金	5,000
有価証券	15,000	社債	10,000
棚卸資産	5,000	退職給付引当金	5,000
建物	13,500	資本金	40,000
土地	21,500	資本準備金	5,000
建設仮勘定	7,700	利益準備金	5,000
投資有価証券	7,300	任意積立金	4,000
		繰越利益剰余金	6,000
	100,000		100,000

損益計算書（要旨）

売上高	(？)
売上原価	(？)
売上総利益	(？)
販管費	51,500
営業利益	25,000
受取利息	2,000
支払利息	1,500
経常利益	25,500
特別損失	18,300
税引前当期純利益	7,200
法人税、住民税及び事業税	2,400
当期純利益	4,800

設問 1　経営分析の手法

経営分析の手法に関して、次の【A群】【B群】【C群】の選択肢のうち最も適切なものの組み合わせを下記の解答群から選べ。

【A群】（1）収益性分析
　　　　（2）流動性分析
　　　　（3）効率性分析
　　　　（4）生産性分析

【B群】（ⅰ）企業の経営安定度を計るための分析手法
　　　　（ⅱ）資本の使用効率性を計るための分析手法
　　　　（ⅲ）企業の収益獲得能力を計るための分析手法

【C群】（Ⅰ）棚卸資産回転率
　　　　（Ⅱ）流動比率
　　　　（Ⅲ）総資本経常利益率

〔解答群〕

　ア　（1）－（ⅲ）－（Ⅱ）　　　イ　（2）－（ⅱ）－（Ⅱ）
　ウ　（3）－（ⅱ）－（Ⅰ）　　　エ　（4）－（ⅰ）－（Ⅲ）

設問 2　売上高売上原価率の計算

　A社の売上高経常利益率が15%であるとき、売上高売上原価率として最も適切な数値はどれか。

ア 40%　　**イ** 45%　　**ウ** 50%　　**エ** 55%

設問 3　ROAの計算

　A社のROAとして最も適切な数値はどれか。

ア 23%　　**イ** 25%　　**ウ** 27%　　**エ** 29%

設問 4　ROEの計算

　A社のROEとして最も適切な数値はどれか。

ア 6%　　**イ** 8%　　**ウ** 10%　　**エ** 12%

設問 5　流動比率と当座比率の計算

　A社の流動比率、当座比率について、最も適切な数値の組み合わせを下記の解答群から選べ。

〔解答群〕
　ア　流動比率：180%　　当座比率：120%
　イ　流動比率：180%　　当座比率：180%
　ウ　流動比率：200%　　当座比率：120%
　エ　流動比率：200%　　当座比率：180%

設問 6　経営資本回転率の計算

A社の経営資本回転率として最も適切な数値はどれか。

ア 2回　**イ** 2.5回　**ウ** 3回　**エ** 3.5回

設問 7　棚卸資産回転率の計算と意味

A社の棚卸資産回転率について述べた次の文章のうち最も適切なものはどれか。

ア A社の棚卸資産回転率は34回であり、この比率が低いほど棚卸資産の消化（販売）速度が速いといえる。
イ A社の棚卸資産回転率は34回であり、この比率が高いほど棚卸資産の消化（販売）速度が速いといえる。
ウ A社の棚卸資産回転率は20回であり、この比率が低いほど棚卸資産の消化（販売）速度が速いといえる。
エ A社の棚卸資産回転率は20回であり、この比率が高いほど棚卸資産の消化（販売）速度が速いといえる。

解説

スピテキLink ▶ 3章2節2・3項、3節2項、4節2・3項

設問 1

POINT 経営分析手法には、収益性分析、流動性分析、効率性分析、生産性分析、および成長性分析があり、それぞれの分析目的に適合した経営比率を計算し、その数値の良否を評価しながら、企業の問題点を分析していく。

- **ア** ×：収益性分析とは、企業の収益獲得能力を計るための分析手法であり、主な指標として総資本経常利益率、売上高総利益率、売上高売上原価率などがあげられる。
- **イ** ×：流動性分析とは、企業の経営安定度を計るための分析手法であり、主な指標として流動比率、固定比率、自己資本比率などがあげられる。
- **ウ** ○：正しい。効率性分析とは、資本の使用効率性を計るための分析手法であり、主な指標として総資本回転率、売上債権回転率、棚卸資産回転率などがあげられる。
- **エ** ×：生産性分析とは、生産諸要素がどれだけ効率的に生産に寄与したかを計るための分析手法であり、主な指標として付加価値生産性などがある。

正解 ▶ **ウ**

設問 2

POINT 売上高売上原価率は、売上高に対する売上原価の占める割合を表した比率であり、単に原価率ともよばれている。この指標値は低いほど望ましい。本問では、損益計算書の経常利益と売上高経常利益率を使って売上高を計算し、営業利益に販管費を加算することで売上総利益を求め、売上高と売上総利益から売上原価を計算する（単位：千円）。

売上高をXとおくと、

$$売上高経常利益率 = \frac{経常利益}{売上高} \times 100 = \frac{25,500}{X} \times 100 = 15(\%)$$

$$\therefore \quad X = 170{,}000$$
売上総利益＝25,000（営業利益）＋51,500（販管費）＝76,500
売 上 原 価＝170,000（売上高）－76,500（売上総利益）＝93,500

エ ○：売上高売上原価率＝$\dfrac{売上原価}{売上高} \times 100 = \dfrac{93{,}500}{170{,}000} \times 100 = 55$（％）

正解 ▶ **エ**

設問 3

POINT ROA（総資本事業利益率）は、投下した総資本に対し、どれだけの事業利益を上げているかを分析する収益性分析の指標であり、指標の数値は高いほうが望ましい。なお、事業利益は「営業利益＋受取利息・配当金」で求めることができる（単位：千円）。

ウ ○：事業利益＝25,000（営業利益）＋2,000（受取利息・配当金）＝27,000

$$ROA = \dfrac{事業利益}{総資本} \times 100 = \dfrac{27{,}000}{100{,}000} \times 100 = 27（％）$$

正解 ▶ **ウ**

設問 4

POINT ROE（自己資本当期純利益率）は、投下した自己資本に対してどれだけ当期純利益を上げているかを分析する収益性分析の指標であり、指標の数値は高いほうが望ましい。この指標を株主資本利益率とよぶこともある（単位：千円）。

イ ○：自己資本＝40,000（資本金）＋5,000（資本準備金）
　　　　　　　＋5,000（利益準備金）＋4,000（任意積立金）
　　　　　　　＋6,000（繰越利益剰余金）＝60,000

$$\text{ROE} = \frac{当期純利益}{自己資本} \times 100 = \frac{4,800}{60,000} \times 100 = 8\,(\%)$$

正解 ▶ イ

設問 5

POINT 流動比率とは、流動負債と流動資産の関係において、企業が短期的な支払手段を十分確保しているかを分析する短期安全性分析の指標であり、指標の数値は高いほうが望ましい。理想的には200%以上が望ましいが、少なくとも100%以上あることが必要である。一方、当座比率は、当座資産（流動資産から棚卸資産等を控除したもの）と流動負債の関係において、企業が短期的な支払手段を十分確保しているかを分析する短期安全性分析の指標であり、この指標の数値は高いほうが望ましく、100%以上あることが理想的である。当座資産を用いるのは、企業の支払能力を厳しく判断する際にすぐに現金化できるものを考えるためである（単位：千円）。

エ ○：流動資産＝5,000（現金及び預金）＋15,000（受取手形）＋10,000（売掛金）＋15,000（有価証券）＋棚卸資産（5,000）＝50,000

当座資産＝5,000（現金及び預金）＋15,000（受取手形）＋10,000（売掛金）＋15,000（有価証券）＝45,000

流動負債＝11,500（支払手形）＋8,500（買掛金）＋5,000（短期借入金）＝25,000

$$流動比率 = \frac{流動資産}{流動負債} \times 100 = \frac{50,000}{25,000} \times 100 = 200\,(\%)$$

$$当座比率 = \frac{当座資産}{流動負債} \times 100 = \frac{45,000}{25,000} \times 100 = 180\,(\%)$$

正解 ▶ エ

設問 6

POINT 経営資本回転率は、経営資本（ストック）と一定期間に計上する売上高（フロー）との関係の中で、ストックの使用効率性を分析する指標である。よって、少ないストックで高いフローを獲得している状態、つまり回転率が高い状態が望ましい。なお、経営資本とは、「総資産－建設仮勘定－投資その他の資産」で求めることができる（単位：千円）。

ア ○：経営資本＝100,000（総資産）－7,700（建設仮勘定）
　　　　　　　－7,300（投資有価証券）＝85,000

$$経営資本回転率＝\frac{売上高}{経営資本}＝\frac{170,000}{85,000}＝2（回）$$

正解 ▶ ア

設問 7

POINT 棚卸資産回転率は、仕掛品や製品を含めた棚卸資産の消化速度を示しており、販売能率および資本利用の経済性を判断する基本的な比率である。この比率が高いほど棚卸資産の消化（販売）速度が速いといえる。また、棚卸資産回転率は次のように計算される（単位：千円）。

$$棚卸資産回転率＝\frac{売上高}{棚卸資産}＝\frac{170,000}{5,000}＝34（回）$$

ア ×：棚卸資産回転率は34回であり前半の記述は正しいが、この比率が低いほど棚卸資産の消化（販売）速度が遅いので、誤りである。
イ ○：正しい。棚卸資産の回転率は34回であり、この比率が高いほど棚卸資産の消化（販売）速度が速いといえる。
ウ ×：選択肢イを参照のこと。
エ ×：選択肢イを参照のこと。

正解 ▶ イ

Memo

問題7　経営分析

A社の財政状態に関する記述として、最も適切なものを下記の解答群から選べ。

A社　　　　　　　　　　貸借対照表（要約）　　　　　　（単位：百万円）

資　産	前期	当期	負債・純資産	前期	当期
現　金　預　金	300	200	仕　入　債　務	400	450
売　上　債　権	300	500	短　期　借　入　金	100	150
棚　卸　資　産	400	500	長　期　借　入　金	―	850
建　物・設　備	400	800	資　本　金	1,000	1,000
土　　地	600	1,000	利　益　剰　余　金	500	550
合　　計	2,000	3,000	合　　計	2,000	3,000

〔解答群〕

ア　流動比率は悪化している。
イ　固定長期適合率は悪化している。
ウ　自己資本比率は改善している。
エ　運転資本は減少している。

解説

スピテキLink ▶ 3章4節2〜4項、6節1項

POINT 経営分析（安全性の経営指標）に関する問題である。経営分析は、第1次試験、第2次試験ともに頻出論点であり、経営指標を確実に覚えておく必要がある。第1次試験では、その名称から計算式を思い浮かべにくいもの（安全性の指標に多い）がよく問われているため、流動比率と当座比率の違い、固定比率と固定長期適合率の違いなどを特に押さえておくこと。

貸借対照表から、経営指標を求めるために必要な要素をあらかじめ計算しておくと次のとおりである。

流動資産 1,000　1,200　　　　　　　　　流動負債 500　600

資　産	前期	当期	負債・純資産	前期	当期
現　金　預　金	300	200	仕　入　債　務	400	450
売　上　債　権	300	500	短　期　借　入　金	100	150
棚　卸　資　産	400	500	長　期　借　入　金	—	850
建　物・設　備	400	800	資　本　金	1,000	1,000
土　　　　地	600	1,000	利　益　剰　余　金	500	550
合　　　　計	2,000	3,000	合　　　　計	2,000	3,000

固定資産 1,000　1,800　　　　　　　自己資本 1,500　1,550

自己資本＋固定負債 1,500　2,400

経営指標の計算式は次のとおりである。

経営指標	計算式
流　動　比　率	流動資産÷流動負債×100（％）
固定長期適合率	固定資産÷（自己資本＋固定負債）×100（％）
自　己　資　本　比　率	自己資本÷総資本（総資産）×100（％）

また、運転資本の計算式は次のとおりである。

| 運　転　資　本 | 売上債権＋棚卸資産－仕入債務 |

数値の大小関係より前期と当期の良否判断を行う（数値は小数点第2位を四捨五入する）。

	前　期	当　期	良否
流　動　比　率	1,000÷500×100＝200（％）	1,200÷600×100＝200（％）	－

　前期と当期では同値であり、流動比率は不変である。

	前　期	当　期	良否
固定長期適合率	1,000÷1,500×100≒66.7（％）	1,800÷2,400×100＝75（％）	悪化

　前期よりも当期の数値の方が大きいため、固定長期適合率は悪化している（固定長期適合率は数値が低いほうが良好である点に注意する）。なお、前期は２／３、当期は３／４であるため、精緻な計算をせずとも当期の数値の方が大きいと判断できる。

	前　期	当　期	良否
自己資本比率	1,500÷2,000×100＝75（％）	1,550÷3,000×100≒51.7（％）	悪化

　前期よりも当期の数値の方が小さいため、自己資本比率は悪化している。なお、前期は３／４であるのに対し、当期は１／２に近い数値となっており、精緻な計算をせずとも当期の数値の方が小さいと判断できる。また、当期において、総資本が1,000増加しているが、そのうちの850が長期借入金（負債）の増加であるため、自己資本比率は計算せずとも悪化していると推測することができる。

	前　期	当　期	状態
運　転　資　本	300＋400－400＝300（百万円）	500＋500－450＝550（百万円）	増加

　前期よりも当期の数値の方が大きいため、運転資本は増加している。

正解　▶　イ

Memo

問題 8　損益分岐点分析

　A社の当期の売上高は20,000千円、費用は以下のとおりである。なお、販売費及び一般管理費はすべて固定費である。下記の設問に答えよ。

変動製造費用	10,000 千円
固定製造費用	5,500 千円
販売費及び一般管理費	3,000 千円

設問 1　損益分岐点売上高

　A社の当期の損益分岐点売上高として最も適切なものはどれか（単位：千円）。

ア　15,000
イ　17,000
ウ　18,500
エ　19,500

設問 2　目標売上高

　翌期において、目標損益分岐点比率75％を達成するときの目標売上高として、最も適切なものはどれか（単位：千円）。ただし、翌期は、固定製造費用が500千円増加すると見込まれており、その他の費用構造については変化しないものとする。

ア　20,500
イ　22,000
ウ　24,000
エ　26,500

解説

スピテキLink▶ 4章1節1～4項

損益分岐点分析に関する問題である。変動費率と固定費を明らかにして損益分岐点売上高を計算する。そして、損益分岐点売上高と損益分岐点比率との関係を用いて目標売上高を計算する。

設問 1

当期の損益分岐点売上高が問われている。
変動費率および固定費を求め、損益分岐点売上高を計算する。
- 変動費率＝10,000÷20,000＝0.5（50％）
- 固定費＝5,500＋3,000＝8,500（千円）
- 損益分岐点売上高の基本計算式「$S-αS-FC=0$」より、
  $S-0.5S-8,500=0$
  $0.5S=8,500$
  $S=17,000$（千円）

正解 ▶ イ

設問 2

損益分岐点比率75％を達成するときの目標売上高が問われている。「損益分岐点比率＝損益分岐点売上高÷売上高×100」である。損益分岐点比率は与えられているため、損益分岐点売上高を求めることにより目標売上高を計算する。

① 損益分岐点売上高
   $S-0.5S-(8,500+500)=0$
   $0.5S=9,000$
   ∴$S=18,000$（千円）

② 目標売上高
   損益分岐点比率0.75＝18,000÷S
   両辺にSを乗じて、
   $0.75S=18,000$
   ∴$S=24,000$（千円）

正解 ▶ ウ

問題9 損益分岐点分析

次の前期と当期のデータに基づき、損益分岐点比率の変化に関する記述として、最も適切なものはどれか。

損益計算書のデータ

(単位：千円)

	前　期	当　期
売　上　高	30,000	36,000
変　動　費	12,000	18,000
限　界　利　益	18,000	18,000
固　定　費	16,500	14,800
営　業　利　益	1,500	3,200

ア　損益分岐点比率が前期よりも悪化したのは、変動費率の上昇による。
イ　損益分岐点比率が前期よりも悪化したのは、固定費の増加による。
ウ　損益分岐点比率が前期よりも改善したのは、変動費率の低下による。
エ　損益分岐点比率が前期よりも改善したのは、固定費の減少による。

解説

スピテキLink ▶ 4章1節3・4項

POINT 損益分岐点分析に関する問題である。前期と当期の損益分岐点比率の比較とその増減の要因が問われている。前期と当期のデータが与えられており、これを用いて損益分岐点売上高と損益分岐点比率を計算することになる。

① 前期の損益分岐点比率

損益分岐点売上高をSとすれば、

変動費率＝変動費12,000÷売上高30,000＝0.4（40％）

より、

S－0.4S－16,500＝0

∴ S＝16,500÷0.6＝27,500（千円）

となる。

よって、

損益分岐点比率＝損益分岐点売上高÷売上高×100
　　　　　　　＝27,500÷30,000×100≒91.7（％）

となる。

② 当期の損益分岐点比率

損益分岐点売上高をSとすれば、

変動費率＝変動費18,000÷売上高36,000＝0.5（50％）

より、

S－0.5S－14,800＝0

∴ S＝14,800÷0.5＝29,600（千円）

となる。

よって、

損益分岐点比率＝損益分岐点売上高÷売上高×100
　　　　　　　＝29,600÷36,000×100≒82.2（％）

となる。

損益分岐点比率が高いか低いかにより、企業の収益獲得能力面での安全度が判断できる。損益分岐点は低ければ低いほど、企業はより少ない売上高で利益を得ることができる。つまり、損益分岐点比率が低いということは、そ

の企業が売上高の減少というリスクに強いということである。

　したがって、損益分岐点比率は前期から当期にかけて低下しているため、損益分岐点比率は改善されている。また、改善された原因として、固定費が減少していることがあげられる（変動費率は上昇しているため、選択肢ウは誤りである）。

正解　▶　エ

Memo

問題 10　損益分岐点分析

　T社ではX製品のみを生産・販売している。現在T社では次期（第n期）の利益計画を策定中であり、計画達成のための利益計画原案は以下のとおりである。これをもとに次の各設問に答えよ。

〈利益計画原案〉
- X製品　販売価格　　　　　　　　　@ 1,000 円
- X製品　販売数量　　　　　　　　　5,000 個
- X製品　1個あたり変動売上原価　　 @ 500 円
- X製品　1個あたり変動販売費　　　 @ ? 円
- 固定製造原価　　　　　　　　　　 1,000,000 円
- 固定販売費及び一般管理費　　　　 600,000 円
- 限界利益率　　　　　　　　　　　 40％

設問 1　損益分岐点分析の前提条件

損益分岐点分析を行ううえでの前提条件として最も不適切なものはどれか。

ア　費用を変動費と固定費に分解することが可能である。
イ　生産数量と販売数量は同数であると仮定する。
ウ　操業度が変化しても、固定費の総額は一定である。
エ　操業度の変化に伴って、販売価格も変動する。

設問 2　変動販売費の計算

利益計画原案をもとに算定した、T社の次期のX製品1個あたりの変動販売費として最も適切な数値はどれか。

ア　50円　　イ　100円　　ウ　150円　　エ　200円

設問 3　目標利益を達成する販売数量の計算

利益計画原案に基づいて損益分岐点計算を行った場合、T社の次期の損益分岐点売上高における販売数量として最も適切な数値はどれか。

ア　2,000個　　イ　3,000個　　ウ　4,000個　　エ　5,000個

設問 4　損益分岐点比率の計算と意味

利益計画原案どおりの売上高が達成されると仮定した場合、Ｔ社の次期の損益分岐点比率に関して述べた次の文章のうち最も適切なものはどれか。

ア　損益分岐点比率は20％となる。この比率が低ければ低いほど企業は売上高の減少というリスクに対して強いことを意味する。

イ　損益分岐点比率は20％となる。この比率が高ければ高いほど企業は売上高の減少というリスクに対して強いことを意味する。

ウ　損益分岐点比率は80％となる。この比率が低ければ低いほど企業は売上高の減少というリスクに対して強いことを意味する。

エ　損益分岐点比率は80％となる。この比率が高ければ高いほど企業は売上高の減少というリスクに対して強いことを意味する。

設問 5　利益計画修正後の目標利益を達成する売上高の計算

Ｔ社の次期の利益計画策定中に、変動費率が10％上昇（例：40％⇒44％）し、固定費総額が130,000円減少することが判明した。これらの事項を考慮して、利益計画原案どおりの営業利益額を達成するための売上高として最も適切な数値はどれか。

ア　5,500,000円　　イ　6,000,000円　　ウ　6,500,000円　　エ　7,000,000円

設問 6　売上高差異分析

第ｎ期が終了し、第ｎ期の売上高は以下のような結果となった。この結果と当初の利益計画原案と比較して売上高差異分析を行った。その分析結果として最も適切な数値の組み合わせを下記の解答群から選べ。

〈第ｎ期実際売上高〉
・第ｎ期売上高：5,040,000 円
・販売単価：@ 1,050 円
・販売数量：4,800 個

〔解答群〕
　ア　価格差異：－240,000円　　数量差異：＋200,000円
　イ　価格差異：＋240,000円　　数量差異：－200,000円
　ウ　価格差異：－250,000円　　数量差異：＋210,000円
　エ　価格差異：＋250,000円　　数量差異：－210,000円

解説

スピテキLink ▶ 4章1節1～4項、2節1項

設問 1

POINT
損益分岐点分析を行ううえでの前提条件には、次のものがあげられる。①費用を変動費と固定費に分解できる。②生産数量と販売数量は同数であると仮定する。③操業度が変化しても、固定費の総額は一定である。④操業度が変化しても、販売価格は一定である。⑤操業度が変化しても、製品単位当たりの変動費は一定である。

ア ○：正しい。企業活動から発生するさまざまな費用を、固定費（固定的に発生する費用）と変動費（操業度の多寡に応じて変動する費用）に区分することを費用分解といい、損益分岐点分析の前提条件となっている。

イ ○：正しい。生産量と販売量とが等しくない場合の全部原価計算の損益分岐点分析もあるが計算が少し複雑になるため、通常は生産量と販売量が等しいと仮定する。

ウ ○：正しい。固定費とは、操業度が増加しても、または減少しても、それとは関係なく、常に一定額生じる費用のことである。

エ ×：操業度が変化しても販売価格は一定とするため、誤りである。販売価格が一定の結果、販売数量と売上高との関係は正比例となる。

正解 ▶ **エ**

設問 2

POINT
変動費率と限界利益率とは、「変動費率＋限界利益率＝1（小数表示）」の関係にある。したがって、利益計画原案の限界利益率から変動費率が求まる。変動費率は、1個当たりの売上高（＝販売価格）に対する1個当たりの変動費の割合であり、変動費は変動売上原価と変動販売費により構成されている。これらの関係を用いて、次のように変動販売費を求める。

　変動費率＝1.0－0.4（限界利益率）＝0.6
　1個当たりの変動費＝0.6（変動費率）×1,000（販売価格）＝600（円）

イ ○：1個当たりの変動販売費 ＝ 600（1個当たりの変動費）－ 500（1個当たりの変動売上原価）＝ 100（円）

正解 ▶ **イ**

設問 3

POINT 損益分岐点売上高は利益がゼロとなるときの売上高で、「固定費÷限界利益率（小数表示）」で計算できる。また損益分岐点での販売数量は、「損益分岐点売上高÷販売価格」で求めることができる。

$$損益分岐点売上高 = \frac{固定費}{限界利益率}$$
$$= \frac{固定製造原価 + 固定販売費及び一般管理費}{0.4}$$
$$= \frac{1,000,000 + 600,000}{0.4} = 4,000,000（円）$$

ウ ○：販売数量 ＝ 4,000,000（損益分岐点売上高）÷ 1,000（販売価格）
　　　　　＝ 4,000（個）

正解 ▶ **ウ**

設問 4

POINT 損益分岐点比率とは、損益分岐点売上高が実際売上高に占める割合であり、この比率が高いか低いかにより、会社の収益獲得能力面での安全度が判断できる。損益分岐点比率は、「損益分岐点売上高÷実際売上高×100（％）」で求めることができる。

問題文より、実際売上高を利益計画原案売上高と仮定して解くと次のようになる。

$$損益分岐点比率 = \frac{4,000,000（損益分岐点売上高）}{5,000,000（実際売上高）} \times 100 = 80（\%）$$

ア ×：計算結果より、損益分岐点比率は80％となる。また、損益分岐点が低ければ低いほど、企業はより少ない売上高で利益を得ることがで

きる。損益分岐点が低いということは、その企業が売上高の減少というリスクに強いということを意味する。
- イ ✕：アの解説を参照のこと。
- ウ ◯：正しい。損益分岐点比率は低いほうが企業にとって望ましい。損益分岐点比率を引き下げるための方策として、①変動費の削減、②固定費の削減、③売上数量の増大、④販売単価の引き上げ、などがあげられる。
- エ ✕：アの解説を参照のこと。

正解 ▶ ウ

設問 5

POINT 設問文の条件から変動費率と固定費を修正し、その値を用いて次式から目標営業利益額を達成する売上高を計算する。

目標営業利益額を達成する売上高＝（固定費＋目標営業利益額）÷｛1－変動費率（小数表示）｝

まず、利益計画原案どおりの損益計算書を作成すると次のようになる。

<u>損益計算書</u>　　（単位：円）

売上高	5,000,000
変動費	
変動売上原価	2,500,000
変動販売費	500,000
限界利益	2,000,000
固定費	
固定製造原価	1,000,000
固定販売費及び一般管理費	600,000
営業利益	400,000

次に、変動費率、固定費を次のように修正する。

（ⅰ）変動費（10％上昇）の修正

修正後変動費率＝0.6$\begin{pmatrix}利益計画原案\\の変動費率\end{pmatrix}$×1.1$\begin{pmatrix}変動費の\\上昇割合\end{pmatrix}$＝0.66

（ⅱ）固定費（130,000円減少）の修正

$$\text{修正後固定費総額} = 1,600,000 \binom{\text{利益計画原案の}}{\text{固定費総額}} - 130,000 \binom{\text{固定費の}}{\text{減少分}}$$
$$= 1,470,000 \text{(円)}$$

ア ○：利益計画原案どおりの営業利益額を達成するための売上高 $= \left\{ 1,470,000 \binom{\text{修正後}}{\text{固定費}}_{\text{総額}} + 400,000 \binom{\text{目標営業}}{\text{利益額}} \right\}$

$$\div \left\{ 1 - 0.66 \binom{\text{修正後}}{\text{変動費率}} \right\}$$
$$= 5,500,000 \text{(円)}$$

正解 ▶ ア

設問 6

POINT 計画された売上高と実際の売上高の差異を利益差異分析により把握することで、利益統制が可能となる。売上高差異は、数量差異と価格差異に分けることができる。なお、差異分析では通常、有利差異が（＋）の値、不利差異が（－）の値として示される。

売上高差異分析を行うと次のようになる。

イ ○：価格差異 ＝ {1,050円（実際販売価格）－1,000円（計画販売価格）}
　　　　　×4,800個（実際販売数量）＝ ＋240,000円

数量差異 ＝ 1,000円（計画販売価格）×{4,800個（実際販売数量）
　　　　　－5,000個（計画販売数量）} ＝ －200,000円

正解 ▶ イ

問題 11　利益差異分析

販売予算と実際の販売実績が以下のとおりであったとする。この場合、数量差異と価格差異の組み合わせとして、最も適切なものを下記の解答群から選べ。

販売予算

販売量（個）	1,500
売上高（千円）	150,000

販売実績

販売量（個）	1,600
売上高（千円）	144,000

〔解答群〕

ア　数量差異100千円（有利差異）と価格差異6,000千円（不利差異）
イ　数量差異9,000千円（有利差異）と価格差異15,000千円（不利差異）
ウ　数量差異10,000千円（有利差異）と価格差異16,000千円（不利差異）
エ　数量差異15,000千円（不利差異）と価格差異10,000万円（有利差異）

解説

スピテキLink ▶ 第4章2節1項

POINT 売上高差異分析に関する問題である。売上高差異は、数量差異と価格差異に分けてとらえる。本問は、実際と予算のそれぞれの販売量および売上高が与えられているため、計算式あるいは図を用いて計算すればよい。

なお、売上高差異は、実際値から計画値を差し引いているため、プラスの場合には有利差異、マイナスの場合には不利差異となる。

数量差異＝（実際販売数量－計画販売数量）×計画販売価格より、
　　　　＝（1,600個－1,500個）×100千円＝10,000（千円）　となる。

なお、計画販売価格は、販売予算売上高150,000千円÷1,500個＝100千円で計算する。

価格差異＝（実際販売価格－計画販売価格）×実際販売数量より、
　　　　＝（90－100）×1,600個＝－16,000（千円）　となる。

なお、実際販売価格は、販売実績売上高144,000千円÷1,600個＝90千円で計算する。

また、売上高差異分析の計算は、次の図を用いて計算できる。

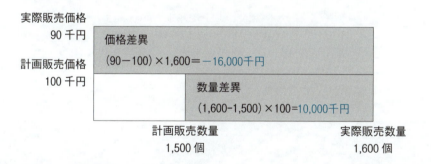

正解 ▶ ウ

問題 12　セグメント別損益計算

部門別損益計算書に基づいて、各事業部の業績評価を示す利益額として最も適切なものはどれか。

ア　売上高 − 売上原価
イ　売上高 − 変動費
ウ　売上高 − 変動費 − 管理可能固定費
エ　売上高 − 変動費 − 個別固定費

解説

スピテキLink ▶ 4章3節4項

POINT セグメント別損益計算に関する問題である。各事業部の業績評価を示す利益額は、「貢献利益（売上高－変動費－個別固定費）」である。

貢献利益は、セグメントとしての事業部が各事業部に共通的に発生する固定費を回収し、さらに利益を獲得することに貢献する度合いを示す利益額であり、セグメントの業績評価で用いられるものである。直接原価計算方式によるセグメント別損益計算書における限界利益、貢献利益の相違点は整理しておこう。

また、選択肢ウは、「管理可能利益」を表している。管理可能利益は、そのセグメントの責任者（事業部長）が責任を負うべき利益であり、セグメントの責任者の業績評価に用いられるものである。

よって、エが正解である。

【補足】直接原価計算における利益概念

直接原価計算に基づき、限界利益、管理可能利益、貢献利益を確認すると以下のようになる。

| 売　　上　　高 |
| 変　　動　　費 |
| 限　界　利　益 |
| 管 理 可 能 固 定 費 |
| 管 理 可 能 利 益 |
| 管 理 不 能 固 定 費 |
| 貢　献　利　益 |

管理可能利益	セグメントの責任者の業績評価用の利益
管理可能固定費	セグメントの責任者にとって管理可能な固定費。例）広告費、従業員訓練費など
管理不能固定費	セグメントの責任者にとって管理不能な固定費。例）減価償却費、固定資産税など

正解 ▶ エ

問題 13　特別注文受託可否

　当社では、受注拡大のため、現行の主力製品を新たな取引先へ拡販したいと考えている。翌期の主力製品の予想製造・販売量は800個であり、販売単価は80万円である。製造原価は、製品1個あたりの変動費が48万円、固定費が1,000万円である。また、販売員にかかる費用（製品1個あたりの変動費）のうち、販売員手数料が3万円、物品運送費が2万円である。その他、一般管理費800万円は固定費である。

　新規の取引先Z社から単価60万円、180個で注文したいと打診されている。Z社はこの条件でなければこれをキャンセルするという。この注文を引き受けるべきかどうか、差額利益（追加的な利益）で判断したい。製品1個当たりの差額利益の金額として、最も適切なものはどれか（単位：万円）。ただし、この注文を引き受けるだけの十分な生産能力はあるとし、相手側からの注文のため、新規注文に対する販売員手数料は発生しないものとする。

ア　7
イ　9
ウ　10
エ　12

解説

スピテキLink▶ 4章4節1項

POINT 特別注文受託可否（業務的意思決定）に関する問題である。特別注文受託可否とは、従来から生産・販売している製品に対して新規の顧客から特別の条件で注文があった場合に、これを引き受けるべきか否かについての判断を行う意思決定である。

　新規に特別注文を引き受けることによって追加的に発生する収益と原価、つまり、差額収益と差額原価から差額利益を計算し、特別注文の引受けにより差額利益が生じるならば、その注文は引き受けるべきであると判断する。なお、通常は、変動費が差額原価となり、固定費は無関連原価（注文の引受け如何にかかわらず追加的に発生しない原価）となる。

		製品1個あたりの変動費	固定費
製造原価		48万円／個	1,000万円
販売員	販売員手数料	3万円／個	―
	物品運送費	2万円／個	―
一般管理費		―	800万円

※ 相手側からの注文のため、新規注文に対する販売員手数料は発生しないものとする。

　まず、両案を比較して差額の生じる関連項目のみを拾い出し、差額収益と差額原価を計算することで差額利益を求める。

```
Ⅰ　差額収益
　　新規注文分売上高　　　　　　　　　@60
　　　合　計　　　　　　　　　　　　　@60
Ⅱ　差額原価
　　変動製造原価　　　　　　　　　　　@48
　　変動販売費　　　　　　　　　　　　@ 2
　　　合　計　　　　　　　　　　　　　@50
Ⅲ　差額利益　　　　　　　　　　　　　@10万円
```

　新規の取引先Z社への販売単価が60万円であり、製品1個当たりの変動費が［製造原価48万円＋販売費2万円］より50万円であるため、製品1個あたり10万円の差額利益が生じる。

　よって、ウが正解である。

正解 ▶ **ウ**

問題 14　設備投資の経済性計算

次の投資案の各年の営業キャッシュフローとして、最も適切なものを下記の解答群から選べ（単位：百万円）。なお、減価償却方法は定額法で、残存価額をゼロとする。

新設備の購入価額	50百万円
耐用年数	5年
毎年の現金収入	40百万円
毎年の現金支出	20百万円
税率	40%

〔解答群〕
- ア　12
- イ　14
- ウ　16
- エ　18

解説

スピテキLink ▶ 5章1節3項

POINT 設備投資における営業キャッシュフロー（正味キャッシュフロー、税引後キャッシュフローなどとよばれることもある）に関する問題である。2つの計算式を用いて解説しているが、2つの式を混同せずに使えるようにしたい。

「営業CF＝（CIF－COF）×（1－税率）＋減価償却費×税率」より
　　営業CF＝（40－20）×（1－0.4）＋10※×0.4
　　営業CF＝16（百万円）
　　※減価償却費＝購入価額50百万円÷耐用年数5年＝10百万円

あるいは、
「営業CF＝（CIF－COF－減価償却費）×（1－税率）＋減価償却費」より
　　営業CF＝（40－20－10）×（1－0.4）＋10
　　営業CF＝16（百万円）

正解 ▶ **ウ**

問題 15　設備投資の経済性計算

投資の経済性計算に関する以下の各設問に答えよ。

設問 1　キャッシュフロー

設備投資のキャッシュフローを予測する際の説明として、最も不適切なものはどれか。

ア　新製品投資によって、既存の製品のキャッシュフローが減少する場合、減少するキャッシュフローは新製品投資のキャッシュフローに反映させる。

イ　貸し付けている土地の賃貸借契約を解除し、そこに工場建設をする場合、この受取地代を反映させる必要はない。

ウ　投資の資金調達から生じる支払利息はキャッシュフローに反映させない。

エ　未使用の土地に工場建設をする場合、未使用の土地は時価で評価して投資額に反映させる。

設問 2　正味現在価値

次の資料に基づいて、この投資の投資時点における正味現在価値を求める場合、最も適切な計算式はどれか（単位：百万円）。

【資　料】
投資額：120
投資期間：3年
キャッシュフロー：毎期50
資本コスト：5％
複利現価係数表

	5%
1年	0.95
2年	0.91
3年	0.86

ア　NPV = 50 × (0.95 + 0.91 + 0.86) − 120
イ　NPV = 50 × 0.95 + 50 × 0.91 + 50 × 0.86 − 120 × 0.95
ウ　NPV = 50 × (0.95 + 0.91 + 0.86)
エ　NPV = 150 × 0.95 + 150 × 0.91 + 150 × 0.86 − 120
オ　NPV = 150 × (0.95 + 0.91 + 0.86) − 120 × 0.95

解説

スピテキLink ▶ 5章1節3項、2節4項

設問 1

POINT 取替投資に関する問題である。取替投資では、差額キャッシュフローを認識する。差額キャッシュフローとは、投資をした場合のキャッシュフローから投資をしなかった場合のキャッシュフローを差し引くものである。本問は、選択肢ア、イ、エが取替投資に関するものである。

- **ア** ○：正しい。既存製品のキャッシュフローの減少が、新製品投資に起因しているのであれば、将来キャッシュフローの予測に際して考慮する必要がある。
- **イ** ×：貸し付けている土地の賃貸借契約解除は、設備投資を行うことに起因している。そのため、設備投資を行うことによる将来キャッシュフローの予測に際しては受取地代を考慮する必要がある。
- **ウ** ○：正しい。投資の資金調達から生じる支払利息はキャッシュフローに反映させない。支払利息は資金提供者に対する収益分配と考え、その原資が必要十分に確保されるかを評価すると考えれば理解しやすいだろう。
- **エ** ○：正しい。未使用の土地を利用する場合には、時価で評価して投資額に反映させる。売却すれば得られるはずのキャッシュフローを放棄して設備投資を行うのだと考えればよいだろう。

正解 ▶ イ

設問 2

POINT NPVの計算に関する出題である。基本的な計算手法を問う問題であり、設問1同様、確実に正解したい。

NPVは、将来のキャッシュフローを現在価値に割り引き、投資額を控除することで求めることができる。本問において、将来のキャッシュフローは毎期50であり、投資額は120である。割引率は資本コスト5％とし、図示すると以下になる（単位：百万円）。

54

```
資本コスト5%
          ┌──┐    ┌──┐    ┌──┐
          │CF│    │CF│    │CF│
          │50│    │50│    │50│
┌────┐    └──┘    └──┘    └──┘
│投資額│   1年後   2年後   3年後
│ 120│
└────┘
```

$$NPV = 50 \times 0.95 + 50 \times 0.91 + 50 \times 0.86 - 120$$
$$= 50 \times (0.95 + 0.91 + 0.86) - 120$$
$$= 16$$

となる。0.95＋0.91＋0.86＝2.72が、5％（3年）の年金現価係数である。

正解 ▶ ア

問題16 設備投資の経済性計算

D社は現在、ある設備投資案を検討している。その設備投資案の初期投資額は4,500万円であり、この投資により毎期1,000万円のキャッシュフローが生み出されると予定されている。また、この投資案の経済命数は5年である。このデータと、下記の年金現価係数表に基づいて以下の各設問に答えよ。なお、D社の採用している割引率は5％である。

年金現価係数表

割引率	1％	2％	3％	4％	5％	6％
年金現価係数（5年）	4.85	4.71	4.58	4.45	4.33	4.21

設問1 回収期間法

回収期間法により求めたこの設備投資の回収期間として最も適切なものはどれか。

ア 3年　　**イ** 3.5年　　**ウ** 4年　　**エ** 4.5年　　**オ** 5年

設問2 正味現在価値法

正味現在価値法により求めたこの設備投資の正味現在価値として最も適切なものはどれか。

ア 330万円　　**イ** 170万円　　**ウ** 0万円
エ －170万円　　**オ** －330万円

設問 3　割引率と正味現在価値との関係

この設備投資案における割引率と正味現在価値の関係を表したグラフとして最も適切なものはどれか。

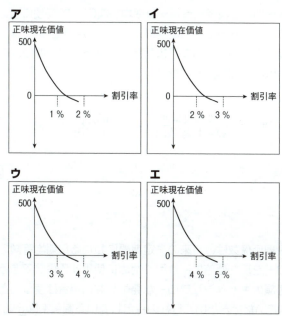

解説

スピテキLink▶ 5章2節2・3項

設問 1

POINT 回収期間は「設備投資額÷毎期均等額CF」で簡便に求めることができる。その一方で、回収期間法で用いるキャッシュフローは時間的価値を考慮しておらず、また基準となる回収期間の決定方法もあいまいであるといった問題点がある。

エ ○：回収期間＝$\dfrac{設備投資額}{毎期均等額CF}$＝$\dfrac{4,500万円}{1,000万円}$＝4.5（年）

正解 ▶ エ

設問 2

POINT 年金現価係数は、将来の一定期間にわたる毎期均等額のキャッシュフローを現在価値に割り引くために使用する係数であるので、毎期均等額のキャッシュフローが発生しない場合は使うことができないので注意していただきたい。D社の採用している割引率は5％であるため、年金現価係数は4.33の値を用いて計算する。

エ ○：正味現在価値＝1,000万円（毎期均等額CF）
　　　　　　　　　×4.33（年金現価係数）－4,500万円（初期投資額）
　　　　　　　＝－170万円

正解 ▶ エ

設問 3

POINT 内部収益法を用いて、正味現在価値が「0」となる割引率を推定する。正味現在価値が「0」となる年金現価係数をxとすると、

0 ＝毎期均等額CF×x－初期投資額
0 ＝1,000万円×x－4,500万円　⇒　$x=4.5$

年金現価係数と割引率は負の相関関係にあるため、
正味現在価値＝毎期均等額CF×年金現価係数－初期投資額
の式から、割引率が小さくなれば、年金現価係数も大きくなり、正味現在価値も大きくなることがわかる。したがって、正味現在価値と割引率も負の相関関係にあり、そのグラフは右下がりとなる。

ウ　〇：年金現価係数が「4.5」に相当する割引率を年金現価係数表から推測すると、割引率3％の年金現価係数が「4.58」、4％の年金現価係数が「4.45」であるから、およそ3％〜4％の間の数値であることがわかる。また、正味現在価値が「0」となる場合の割引率が内部収益率であり、これはグラフの曲線と横軸の交点で表される。したがって、この交点が3％と4％に位置するグラフが正解となる。

正解 ▶ ウ

問題 17　設備投資の経済性計算

　C社は、現在新規設備投資案を検討している。この設備投資案に関するデータは次のとおりである。これに基づき、以下の各設問に答えよ。

【データ】
・初期投資額　1,000億円
・経済命数　　4年
・資本コスト10％の場合の複利現価係数
　1年目：0.91、2年目：0.83、3年目：0.75、4年目：0.68
・各年度末のキャッシュフロー
　1年目：500億円、2年目：400億円、3年目：300億円、4年目：100億円

設問 1　正味現在価値法

　C社のこの設備投資案の正味現在価値（以下、NPV）として、最も適切なものはどれか。なお、計算にあたっては、データにある複利現価係数を使用すること。

ア　65億円　　イ　80億円　　ウ　85億円　　エ　95億円　　オ　105億円

設問 2　回収期間法

　C社のこの設備投資案の回収期間法による回収期間として、最も適切なものはどれか。

ア　1.9年　　イ　2.1年　　ウ　2.3年　　エ　3.2年　　オ　3.4年

設問 3　正味現在価値法、内部収益率法、収益性指数法

　正味現在価値法、内部収益率法、収益性指数法に関する次の記述として、最も適切なものの組み合わせを下記の解答群から選べ。ただし、初期投資だけが負のキャッシュフロー（支出）、それ以後は毎期正のキャッシュフロー（収入）をもたらすような投資案を前提とする。

a 　要求利益率で割り引いた正味現在価値が正ならば、内部収益率はその要求利益率を上回る。

b 　要求利益率で割り引いた正味現在価値が正ならば、内部収益率はその要求利益率を下回る。

c 　要求利益率で割り引いた正味現在価値が正ならば、収益性指数は1を上回る。

d 　要求利益率で割り引いた正味現在価値が正ならば、収益性指数は1を下回る。

〔解答群〕
　　ア　aとc　　　**イ**　aとd　　　**ウ**　bとc　　　**エ**　bとd

解説

スピテキLink▶ 5章2節2・3項

設問 1

正味現在価値を求める計算式は、次のとおりである。

$$NPV = C_1 \times \frac{1}{1+r} + C_2 \times \frac{1}{(1+r)^2} + \cdots + C_n \times \frac{1}{(1+r)^n} - 初期投資額$$

ただし、Cn：n年目のキャッシュフロー　r：割引率

本問では、資本コスト10%における複利現価係数が与えられているので、この複利現価係数を用いて計算するとNPVは次のようになる。

NPV＝500億円×0.91＋400億円×0.83＋300億円×0.75
　　＋100億円×0.68－1,000億円
　＝80億円

正解 ▶ **イ**

設問 2

回収期間法による回収期間を求める設問である。回収期間の算定の際、与えられたキャッシュフローが毎期均等額かどうかにより算定方法が異なる。

本問では、各年度に発生するキャッシュフローが均等ではないため、各年度のキャッシュフローを設備投資額に対して充当しながら回収期間を計算する。

投資後1年目の回収残＝初期投資額1,000億円－1年目CF 500億円
　　　　　　　　　　＝500億円
投資後2年目の回収残＝500億円－400億円＝100億円

したがって、回収期間＝2年＋$\frac{100億円}{300億円}$＝2.33…≒2.3年

正解 ▶ **ウ**

設問 3

POINT 投資の経済性計算ならびに意思決定の評価に関する問題である。正味現在価値（NPV）と内部収益率（IRR）、収益性指数（PI）の関連性が問われている。正味現在価値がプラス（マイナス）であれば、内部収益率は資本コスト（要求収益率）より大きく（小さく）、収益性指数は1より大きい（小さい）という関連性がある。

- **a** ○：正しい。NPV＞0の場合、IRR＞資本コスト（要求収益率）となる。
- **b** ×：選択肢aのとおり、誤りである。なお、NPV＜0の場合、IRR＜資本コスト（要求収益率）となる。
- **c** ○：正しい。NPV＞0の場合、PI＞1となる。収益性指数法による評価の場合、PI＝年々の正味キャッシュフローの現在価値÷投資額より、PIが1より大きければ、正味現在価値＞0となり採用に値することになる。
- **d** ×：選択肢cのとおり、誤りである。NPV＜0の場合、PI＜1となる。

正解 ▶ ア

問題 18　設備投資の経済性計算

　A社は、2つの投資案を検討中である。投資は第1年度期首に行われ、投資額および各年度に得られるCFは以下のとおりである。投資案①と投資案②の正味現在価値の金額の組み合わせとして、最も適切なものを下記の解答群から選べ（単位：百万円）。なお、割引率は10%であり、計算にあたっては以下の現価係数を用いること。

（単位：百万円）

	投資額	第1年度	第2年度	第3年度
投資案①	－250	100	100	150
投資案②	－280	100	100	100

年金現価係数 （10%、3年）	複利現価係数 （10%、3年）
2.49	0.75

〔解答群〕

ア　投資案①：　36.5　　投資案②：△31
イ　投資案①：　36.5　　投資案②：△55
ウ　投資案①：111.5　　投資案②：△31
エ　投資案①：111.5　　投資案②：△55

解説

スピテキLink▶ 5章1節2項、2節2項

POINT 設備投資の経済性計算に関する問題である。各投資案の正味現在価値が問われている。複利現価係数と年金現価係数の取り扱いを適切にできたかがポイントである。

●投資案①のNPV

第1年度から第3年度まで得られるCFは同額ではないが、第1年度から第3年度までのCF（100）については、3年の年金現価係数を利用して、現在価値に割り引くことができる。さらに、第3年度のCF（150）のうち、残り50を、3年目の複利現価係数を利用して、現在価値に割り引くことになる。

よって、

正味現在価値（NPV）＝100×2.49＋50×0.75－250
　　　　　　　　　　＝36.5（百万円）

となる。

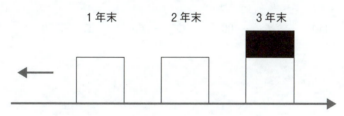

※黒塗りの部分が差額（150－100）の50に該当する。

あるいは、3年の年金現価係数2.49－3年の複利現価係数0.75＝1.74は、2年の年金現価係数となることから、これを利用してもよい。

正味現在価値（NPV）＝100×1.74＋150×0.75－250
　　　　　　　　　　＝36.5（百万円）

●投資案②のNPV

第1年度から第3年度まで得られるCFが同額であるため、3年の年金現価係数を用いる。

よって、

正味現在価値（NPV）＝100×2.49－280＝△31（百万円）

となる。

正解 ▶ ア

問題 19 売却損に伴う節税効果

B社は既存の設備を売却し、燃料効率の良い新設備の導入を検討している。投資時点に発生する差額キャッシュフローとして最も適切なものはどれか。なお、投資は期末に行われ、既存設備売却に関連する税効果は即座にキャッシュフローに反映されるものとする（単位：百万円）。

【既存設備に関する資料】
　投資時点の簿価：700
　投資時点の売却見込額：600

【新設備に関する資料】
　取得価額：1,000

【その他】
　実効税率：40％

ア　−440　　イ　−400　　ウ　−360　　エ　−320

解説

スピテキLink ▶ 5章2節4項

POINT 取替投資に関する出題である。本問の復習を通して、売却損にかかるタックスシールドに関する内容をマスターしておこう。タックスとは税金のことであり、タックスシールドは簡単にいえば節税効果のことである。減価償却費や設備の売却損はキャッシュアウトがないため、直接的にはキャッシュフローに影響を与えない。しかし、これらの費用が計上される場合、税引前利益が圧縮され、その分だけ課税額が減少する。この課税額の減少効果をタックスシールドとして考慮する必要がある（単位：百万円）。

まず新設備の取得であるが、取得価額が1,000であり、1,000のキャッシュアウトが発生する。仕訳を確認すると、

（借）固定資産	1,000	（貸）現金	1,000

となることから、損益計算書には影響しないことがわかるだろう。つまり、投資時点では課税額に影響がないことになる（後に減価償却費が計上されることで、課税額を変動させることになる）。次に既存設備の売却を考える。既存設備の簿価が700、売却見込額が600であるから、仕訳は以下のようになる。

（借）現金	600	（貸）固定資産	700
固定資産売却損	100		

600のキャッシュインがあることは容易に確認できる。ここで、固定資産売却損100に着目してみよう。固定資産売却損は仕訳から判断できるようにキャッシュアウトを伴うものではない。しかし、固定資産売却損が損益計算書に計上されることにより、税引前当期純利益が100減少することになる。実効税率が40％であれば、税引前当期純利益100に対して40の税金が発生する。逆に、税引前当期純利益が100減少すれば40の税金が減少することがわかるだろう。

以上から、設備投資時点で発生するキャッシュフローは、
① 新設備投資によるキャッシュアウト1,000
② 既存設備売却によるキャッシュイン600
③ 売却損計上による税金の減少40（キャッシュアウトの節約＝キャッシュインと考える）

※税効果は即座にキャッシュフローに反映されるため、投資時点で考慮する。
合計360のキャッシュアウトとなる。

正解 ▶ ウ

Memo

問題20 株式の理論価格

株式の理論価格に関する以下の各設問に答えよ。

設問1 株式の現在価値

　A商事株式会社の株式を保有することにより、今期末受け取る配当金の期待値は1株当たり20円である。また、このA商事株式会社の今期末の株価は610円と予想されており、この株式を保有している投資家が要求する利益率は5％である。この株式の今期の期首時点での現在価値として最も適切なものはどれか。

ア　400円　　イ　600円　　ウ　610円　　エ　630円

設問2 配当割引モデル（ゼロ成長モデル）

　B興産株式会社の配当金は1株当たり15円であり、この額は将来的にも変化がなく一定であると考えられている。この株式を保有している投資家が要求する利益率が4％であるとすれば、この株式の今期の期首時点での理論価格として最も適切なものはどれか。

ア　325円　　イ　350円　　ウ　375円　　エ　400円

設問3 配当割引モデル（定率成長モデル）

　C物産株式会社の今期末の配当金は1株当たり30円とされている。また、この配当は来期以降前年対比1％ずつ成長すると予想されており、この株式を保有している投資家の要求利益率は3％である。この株式の今期の期首時点での理論価格として最も適切なものはどれか。

ア　750円　　イ　1,000円　　ウ　1,500円　　エ　3,000円

解説

スピテキLink ▶ 6章2節1項

設問 1

POINT A商事株式会社の株式を1株保有することで得ることのできるキャッシュフローは、配当金20円と今期末の売却可能価額である610円の合計630円となる。求めるのは、今期の期首時点でのこの株式1株の現在価値であるから、与えられた投資家の要求利益率5％を割引率として現在価値を計算すればよい。

イ ○：株式の現在価値 $= \dfrac{20円+610円}{1+0.05} = 600円$

正解 ▶ イ

設問 2

POINT 配当割引モデルについての設問である。配当割引モデル（ゼロ成長モデル）とは、「株式の理論価格は現在の1株保有により将来獲得できるキャッシュフロー（配当金）を投資家の要求利益率で割り引いた現在価値である」というものである。これを式で表すと次のようになる。

$$V = \dfrac{D}{r}$$

（V：株式価値、D：配当金（一定）、r：要求利益率）

この式に、与えられた資料の数値をあてはめて計算すればよい。

ウ ○：株式の理論価格 $= \dfrac{15円}{0.04} = 375円$

正解 ▶ ウ

設問 3

POINT 一定成長配当割引モデルについての設問である。設問2の配当割引モデルは、将来の配当金が常に一定額で変化しないという前提であるが、配当金が毎年一定割合で成長すると仮定して、株式価値を算定するのが一定成長配当割引モデル（定率成長モデル）である。式に表すと次のようになる。

$$V = \frac{D_1}{r - g}$$

（V：株式価値、D_1：今期末の配当金、
　r：要求利益率、g：配当金の成長率）

この式に与えられた数値を入れて計算する。

ウ 〇：株式の理論価格＝$\dfrac{30円}{0.03 - 0.01}$＝1,500円

正解 ▶ **ウ**

Memo

問題 21　株式指標

次の当社のデータに基づき、以下の設問に答えよ。

当期純利益	500 百万円
自己資本	2,000 百万円
１株当たり配当金	100 円
発行済株式数	2 百万株
現在の株価	500 円

当社の配当利回りは　A　％であり、配当性向は　B　％である。
一方、PERは　C　倍であり、PBRは　D　倍である。これらの株価指標は、値が小さいほど株価が割安と評価されることが多い。

設問 1　配当利回り・配当性向

文中の空欄ＡとＢに入る最も適切なものの組み合わせを下記の解答群から選べ。

〔解答群〕
ア　A：20　　B：30　　イ　A：20　　B：40
ウ　A：40　　B：30　　エ　A：40　　B：40

設問 2　PER・PBR

文中の空欄ＣとＤに入る最も適切なものの組み合わせを下記の解答群から選べ。

〔解答群〕
ア　C：2　　D：0.5　　イ　C：2　　D：1.5
ウ　C：4　　D：0.5　　エ　C：4　　D：1.5

解説

スピテキLink ▶ 6章2節1項

POINT 株価指標に関する問題である。株価指標は毎年のように出題されている。配当利回り、配当性向、PER、PBRなどの株価指標の計算式について確実に覚えておこう。さらに、PERとPBRは計算できるだけでなく、その数値の大小により、評価がどうなるのかまで押さえておこう。

設問 1

配当利回りと配当性向を求める。
配当利回り＝1株当たり配当金÷株価×100
　　　　　＝100÷500×100＝20（％）
配当性向＝配当金総額÷当期純利益×100
　　　　＝（100円×2百万株）÷500×100＝40（％）
よって、イが正解である。

正解 ▶ イ

設問 2

PERとPBRを求める。
① PER
　　株価収益率（PER）＝株価÷1株当たり当期純利益
より、株価はデータで与えられているが、1株当たり当期純利益は計算する必要がある。
・1株当たり当期純利益
　　1株当たり当期純利益＝当期純利益÷発行済株式数
　　　　　　　　　　　＝500百万円÷2百万株＝250円
・株価収益率
　　株価収益率＝株価500円÷1株当たり当期純利益250円＝2（倍）
　株価収益率は、株価の相対的水準を判断するのに用いられ、小さいほど株価が割安と評価されることが多い。
　たとえば、株価が100で、1株当たり当期純利益が100であれば、PERは1倍となる。株価相当額は1年間で回収できることを意味している。一

方、株価が100で、1株当たり当期純利益が10であれば、PERは10倍となる。株価は、1株当たり当期純利益の10倍の値が付いており、株価相当額は10年間で回収できるということを意味している。つまり、PERの数値が低ければ割安であり、高ければ割高であると判断される。

② PBR

　　　株価純資産倍率（PBR）＝株価÷1株当たり純資産

より、株価はデータで与えられているが、1株当たり純資産は計算する必要がある。

・1株当たり純資産

　　1株当たり純資産＝自己資本÷発行済株式数
　　　　　　　　　＝2,000百万円÷2百万株＝1,000円

・株価純資産倍率

　　株価純資産倍率＝株価÷1株当たり純資産
　　　　　　　　　＝500円÷1,000円＝0.5（倍）

　株価純資産倍率は、株価の相対的水準を判断するのに用いられ、小さいほど株価が割安と評価されることが多い。

　たとえば、株価が100で、1株当たり純資産額が100であれば、PBRは1倍となる。株価は、1株当たり純資産額と同額であり、株価と1株当たりの株主の持分が同額であることを意味している。一方、株価が100で、1株当たり純資産額が10であれば、PBRは10倍となる。株価は、1株当たり純資産額の10倍の値が付いているということを意味している。つまり、PBRの数値が低ければ割安であり、高ければ割高であると判断される。よって、アが正解である。

正解　▶　ア

Memo

問題22 株式指標

I社における以下の財務資料をもとに次の各設問に答えよ。なお、資料以外の事項については考慮外とする（単位：万円）。

【資 料】

貸借対照表（簡略）

諸資産 1,000,000	諸負債 750,000
	純資産 250,000

損益計算書（簡略）

諸 収 益	500,000
諸 費 用	450,000
当期純利益	50,000

各 指 標
・株価収益率
　（PER）：12.5倍
・株価：50万円

設問 1　発行済株式総数の算定

I社の発行済株式総数として最も適切なものはどれか。

- ア　10,000株
- イ　12,500株
- ウ　15,000株
- エ　17,500株
- オ　20,000株

設問 2　PBR

I社の同業他社の平均のPBRが2.0倍であるとき、I社の株価について述べた次の文章のうち最も適切なものはどれか。

- ア　I社のPBRは1.5倍となり、同業他社の株価に比べて割安となる。
- イ　I社のPBRは1.5倍となり、同業他社の株価に比べて割高となる。
- ウ　I社のPBRは2.5倍となり、同業他社の株価に比べて割安となる。
- エ　I社のPBRは2.5倍となり、同業他社の株価に比べて割高となる。
- オ　I社のPBRは5.0倍となり、同業他社の株価に比べて割安となる。

解説

スピテキLink ▶ 6章2節1項

設問 1

POINT I社の発行済株式総数は、株価収益率（PER）から1株当たり当期純利益を算定し、それを損益計算書の当期純利益で除して求めていくことになる。

$$株価収益率(PER) = \frac{株価}{1株当たり当期純利益}$$

$$1株当たり当期純利益 = \frac{50万円}{12.5} = 4万円$$

イ ○：50,000万円 ÷ 4万円 = 12,500株

正解 ▶ イ

設問 2

 株価純資産倍率（PBR）は、株価を1株当たり純資産額で除したものであり、この値が低いほど株価は割安であるといえる。I社のPBRを求めると、

$$株価純資産倍率(PBR) = \frac{株価}{1株当たり純資産額} = \frac{50万円}{250,000万円 ÷ 12,500株} = 2.5倍$$

となる。

エ ○：同業他社の平均のPBRは2.0倍であり、これよりもI社のPBRは大きいので、I社の株価は同業他社より割高な水準にあるといえる。

正解 ▶ エ

問題 23　株式指標

次の資料に基づき、以下の各設問に答えよ。

純資産(簿価)	売上高	株式時価総額	当期純利益	配当利回り
200百万円	3,000百万円	240百万円	12百万円	2%

設問 1　配当性向

配当性向として最も適切なものはどれか。

ア 0.4%　　**イ** 5 %　　**ウ** 23%　　**エ** 40%

設問 2　PBR

PBRとして最も適切なものはどれか。

ア 1.2倍　　**イ** 5 倍　　**ウ** 15倍　　**エ** 20倍

解説

スピテキLink ▶ 6章2節1項

設問 1

配当利回り＝１株当たり配当金÷株価×100（％）
　　　　　＝配当金総額÷株式時価総額×100（％）
であるから、
　配当金総額＝配当利回り×株式時価総額÷100
であり、配当金総額は4.8百万円である。
　配当性向＝配当金総額÷当期純利益×100（％）
であるから、配当性向は40％（4.8百万円÷12百万円×100（％））である。

正解 ▶ エ

設問 2

PBR＝株価÷１株当たり純資産額
　　＝株式時価総額÷純資産額
であり、PBRは1.2倍（240百万円÷200百万円）である。

正解 ▶ ア

問題24 債券の価格

当社は次の条件で普通社債の発行を検討している。社債の発行価格を計算するための計算式として最も適切なものはどれか（単位：円）。ただし、税金は考えないものとする。

償還期限	3年
額面	100円
クーポンレート	4％（1年後より年1回支払）
資本コスト	8％

複利現価係数	
4％、3年	8％、3年
0.89	0.79

年金現価係数	
4％、3年	8％、3年
2.78	2.58

ア 4 × 2.78 + 100 × 0.89
イ 4 × 2.58 + 100 × 0.79
ウ 8 × 2.78 + 100 × 0.89
エ 8 × 2.58 + 100 × 0.79

解説

スピテキLink ▶ 6章2節2項

資本コストと現在価値に関する問題である。社債の発行価格の計算については、クーポンレートと資本コストの違いを把握する必要がある。

クーポンレートとは、債券額面に対する利子の割合のことである。債券額面100円に対し、クーポンレート4％を乗じた4円が、社債権者に対する毎年の支払利息の額となる。社債発行を行った場合の将来のキャッシュフローを示すと以下のようになる。

キャッシュフローを目標資本コスト8％で割り引いた額を発行価格とすれば、目標資本コストが実現することになる。したがって、利払4円については年金現価係数8％である3年の2.58を、償還100円については複利現価係数8％である3年0.79を使用する。

　社債の発行価格＝利払4円×2.58＋償還100円×0.79
よって、イが正解である。

仮に、目標資本コストがクーポンレートと同率の4％である場合、現在価値は額面100円と同額となる。
　　社債の発行価格（現在価値）＝利払4円×2.78＋償還100円×0.89
　　　　　　　　　　　　　　　＝100.12≒100円

たとえば、目標資本コスト＝クーポンレート＝4％とした場合、現在価値を100円とすれば、1年後の将来価値は104円（＝100円×クーポンレート1.04）となる。当該将来価値を現在価値に割り引けば、100円（＝104円÷目標資本コスト1.04）となり、同額となることが把握できる。

正解 ▶ イ

問題 25　加重平均資本コスト

　加重平均資本コスト（WACC）の計算手順に関する次の記述について、空欄AおよびBにあてはまる語句の組み合わせとして、最も適切なものを下記の解答群から選べ。

　加重平均資本コストは、源泉別資本コストを資本構成比で加重平均して求められる。構成比の計算は調達資本の　A　をベースにして測定すべきとされている。

　また、　B　には節税効果を考慮する必要がある。具体的には、　B　に（1－限界税率）を乗じることで、節税効果を考慮した　B　を求める。

〔解答群〕
　ア　A：簿価　　B：自己資本コスト
　イ　A：簿価　　B：他人資本コスト
　ウ　A：時価　　B：自己資本コスト
　エ　A：時価　　B：他人資本コスト

解説

スピテキLink ▶ 第6章3節1項

POINT 加重平均資本コスト（WACC）の計算手順に関する問題である。WACCの計算式を文章で表したものであるから、計算式を覚えていれば解ける問題である。

加重平均資本コストとは、複数の調達源泉がある場合、調達源泉別のコストの総額が資本調達の総額に占める割合のことである。加重平均資本コストは、他人資本コストと自己資本コストを加重平均することによって計算できる。

加重平均資本コストの計算式は、次のとおりである。
WACC＝他人資本割合×税引前他人資本コスト×（1－限界税率）
　　　　＋自己資本割合×自己資本コスト

計算手順は、まず、資本構成（他人資本と自己資本）を明らかにする必要がある。また、自己資本の価値および他人資本の価値はそれぞれ時価を用いることがポイントである。

したがって、空欄Aには、「時価」が入る。

加重平均資本コストの計算において、他人資本の節税効果を加味することも重要なポイントである。利息の支払いは損益計算書に含まれ、当期純利益を減額するため、他人資本による資金調達は、利息の支払いによる節税効果を伴う。このため「×（1－限界税率）」を乗じることで調整を行う。

一方、配当の支払いは損益計算書に含まれないため、自己資本コストに（1－限界税率）を乗じることはない。

したがって、空欄Bには、「他人資本コスト」が入る。

正解 ▶ エ

問題 26　加重平均資本コストの計算

A社の税引前負債資本コストが5％、株主資本コストが8％であり、負債の帳簿価額300百万円（時価と同額）、株主資本の帳簿価額500百万円（時価700百万円）であるときの加重平均資本コストとして、最も適切なものはどれか。なお、税率は40％とする。

- **ア**　6.125％
- **イ**　6.5％
- **ウ**　6.875％
- **エ**　7.1％

解説

スピテキLink ▶ 6章3節1項

POINT 加重平均資本コスト（WACC）に関する問題である。WACCの計算では、資本構造（負債と自己資本）を明らかにする必要がある。本問では帳簿価額と時価が与えられているため、取り扱いに留意する（WACCの計算では自己資本の価値および他人資本の価値はそれぞれ時価を用いる）。

貸借対照表（一部）

負　債　割合　0.3※	負債の税引前コスト5％
※300÷（300＋700）	
自己資本　割合　0.7※	自己資本コスト8％
※700÷（300＋700）	

WACC＝負債割合0.3×負債コスト5％×（1－0.4）＋自己資本割合0.7×自己資本コスト8％＝6.5（％）

正解 ▶ イ

問題 27　企業価値

　甲社は、乙社の買収を検討中である。企業評価の方法として、企業のストックに着目した　A　が多く用いられてきたが、キャッシュフロー経営に関心が高まっている昨今の情勢に鑑み、甲社は　B　の一種であるDCF法で乙社の評価を行うことにした。
　乙社の将来のフリーキャッシュフローを予測し、それを現在価値に割引計算したところ、その総額は120億円となった。同社の負債価値は40億円である。したがって、乙社の株主価値は　C　億円と計算される。以下の設問に答えよ。

設問 1　企業評価方法

　文中の空欄AおよびBに入るものとして最も適切な組み合わせを下記の解答群から選べ。

〔解答群〕
　ア　A：純資産額方式　　B：収益還元方式
　イ　A：配当還元方式　　B：収益還元方式
　ウ　A：収益還元方式　　B：市場価格比較方式
　エ　A：収益還元方式　　B：純資産額方式

設問 2　株主価値

文中の空欄Cに入るものとして最も適切なものはどれか。

　ア　40　　イ　60　　ウ　80　　エ　120

解説

スピテキLink ▶ 6章3節2項

POINT 企業価値の評価に関する問題である。企業価値の評価方法にはさまざまなものがあるが、そのなかでも特にDCF法について整理しておきたい。

設問 1

　企業評価（本問では株主価値）の計算手法が問われている。企業のストック（貸借対照表の値）に着目するのは、純資産額方式（取得原価法、修正簿価法がある）である。また、DCF法は、将来のCFを現時点に割り引く手法である。DCF法は、将来の利益を現時点に割り引く収益還元方式の一種である。

正解 ▶ ア

設問 2

　株主価値の計算が問われている。株主価値は、「企業価値＝負債価値＋株主価値」であるため、企業価値120億円＝負債価値40億円＋株主価値より、株主価値＝80億円と求めることができる。

企業価値　120	負債価値　40
	株主価値　80

正解 ▶ ウ

問題28 企業価値

当社はE社の買収を検討している。E社に関する財務データは次のとおりである。これに基づき、以下の各設問に答えよ。

〈E社財務データ〉

E社　n年度貸借対照表（簿価）

資産	負債
5,000万円	3,500万円
	自己資本 1,500万円

E社　n年度貸借対照表（時価）

資産	負債
7,000万円	3,500万円
	自己資本 3,500万円

E社　n年度損益計算書の一部

売上高	30,000万円
売上原価	12,000万円
販売費（現金支出）	8,000万円
減価償却費	4,000万円
営業利益	6,000万円
⋮	⋮
当期純利益	2,200万円

- 実効税率　　　　　　　　40%
- 負債コスト（税引前）　　 5%
- 自己資本コスト　　　　　11%
- 運転資金前期比増加額　　100万円
- 当期設備投資額　　　　　300万円

設問 1　フリーキャッシュフロー

当社の財務担当者は、DCF法を用いてE社の企業価値を算定しようと考えている。n年度の財務諸表をもとに求めたE社のフリーキャッシュフロー（FCF）として、最も適切なものはどれか。なお、FCFは営業利益をベースとして計算すること。

ア 6,800万円　**イ** 7,200万円　**ウ** 8,000万円　**エ** 10,000万円

設問 2　加重平均資本コスト

E社の加重平均資本コスト（WACC）として、最も適切なものはどれか。

ア 7.0%　**イ** 7.5%　**ウ** 8.0%　**エ** 8.5%

解説

スピテキLink ▶ 6章3節1項

企業価値の算定についての問題である。DCF法では、FCFとWACCにより企業価値を計算する。よって、FCFとWACCそれぞれについて計算できるようにしておきたい。

設問 1

フリーキャッシュフロー（FCF）は、投資者（株主、債権者）への分配の原資であり、次の算式で計算される。

　FCF＝営業利益×(1－税率)＋減価償却費－運転資金増加額
　　　－設備投資額

上記の式に、問題で与えられたデータを当てはめて計算すると、

　FCF＝6,000×(1－0.4)＋4,000－100－300＝7,200

となる。

正解 ▶ イ

設問 2

WACCは次の算式で求めることができる。

$$WACC = \frac{E}{E+D} \times r_E + \frac{D}{E+D} \times r_D \times (1-実効税率)$$

（E：株式価値、D：負債価値、r_E：株主資本コスト、r_D：負債コスト）

したがって、

$$WACC = \frac{3,500}{3,500+3,500} \times 0.11 + \frac{3,500}{3,500+3,500} \times 0.05 \times (1-0.4) = 0.07$$

となる。

なお、WACCの算定の際には「時価」を用いることに注意すること。

正解 ▶ ア

Memo

問題 29　企業価値

次のA社の資料に基づいて、以下の各設問に答えよ。

【資　料】
- 営業利益：100億円（この額は毎年一定とする）
- 負債利子：20億円（この額を毎年支払い続ける）
- 負債利子以外の営業外損益および特別損益はない
- 法人税等の実効税率：40％
- 負債利子率：4％（毎年一定）
- 株主資本コスト：10％（毎年一定）
- 税引後当期純利益は全額配当される
- 減価償却費と同額の設備投資を毎年行う
- 運転資本の増減は発生しない

設問 1　負債価値と株式価値の算定

A社の負債価値と株式価値の組み合わせとして最も適切なものはどれか。

ア　負債価値：833億円　株式価値：800億円
イ　負債価値：500億円　株式価値：800億円
ウ　負債価値：833億円　株式価値：480億円
エ　負債価値：500億円　株式価値：480億円

設問 2　加重平均資本コストの算定

A社の加重平均資本コストとして最も適切なものはどれか。

ア　5.83％　　イ　6.12％　　ウ　6.57％　　エ　6.91％

設問 3　企業価値の算定

フリーキャッシュフローに基づいて算出したA社の企業価値として最も適切なものはどれか。なお、計算の際には、設問 2 で求めた加重平均資本コストを使用すること。

ア　980億円　　イ　1,300億円　　ウ　1,313億円　　エ　1,633億円

解説

スピテキLink ▶ 6章3節1項

設問 1

POINT
負債価値は負債利子を負債利子率で割り引くことで求められる。
　　負債価値＝負債利子20億円÷負債利子率0.04＝500億円
　また、株式価値は配当額を株主資本コストで割り引くことで求めることができる。資料より配当額は税引後当期純利益になる。
　　税引後当期純利益＝(100億円－20億円)×(1－0.4)＝48億円
　　株式価値＝48億円÷株主資本コスト0.1＝480億円

エ ◯：上記より、負債価値が500億円、株式価値が480億円となる。

正解 ▶ **エ**

設問 2

POINT
加重平均資本コスト（WACC）は、税引後負債利子率と株主資本コストを負債価値および株式価値で加重平均して算定する。

$$WACC = \frac{500}{980} \times 0.04 \times (1-0.4) + \frac{480}{980} \times 0.1 = 0.06122\cdots \Rightarrow 6.12\%$$

イ ◯：上記より、加重平均資本コストは6.12%となる。

正解 ▶ **イ**

設問 3

POINT
フリーキャッシュフロー(FCF)は次の算出式により算定する。
　　FCF＝営業利益×(1－実効税率)＋減価償却費
　　　　－運転資本増加額－設備投資額

　減価償却費と設備投資額は同額であり、運転資本は増減しないことを考慮しFCFを求める。
　　FCF＝100億円×(1－0.4)＝60億円
　また、企業価値はFCFを加重平均資本コスト（WACC）で割り引くことにより算定できる。
　　企業価値＝60億円÷0.0612≒980億円

ア ○：上記より、企業価値は980億円となる。

正解 ▶ ア

Memo

問題 30　資金調達構造

次の文中の空欄A〜Dに当てはまる語句の組み合わせとして、最も適切なものを下記の解答群から選べ。

企業の資金調達方法には大きく分けて、外部金融と内部金融がある。外部金融は、企業外部から資金調達する方法で、　A　、　B　、　C　に細分される。　A　の具体例には買掛金があり、　B　の具体例には借入金があり、　C　の具体例には　D　がある。

〔解答群〕
ア　A：企業間信用　　B：間接金融　　C：直接金融　　D：株式発行
イ　A：企業間信用　　B：直接金融　　C：間接金融　　D：社債発行
ウ　A：企業間信用　　B：間接金融　　C：直接金融　　D：内部留保
エ　A：間接金融　　　B：企業間信用　C：直接金融　　D：社債発行

解説

スピテキLink ▶ 第6章4節1項

POINT 資金調達構造に関する問題である。企業の資金調達構造には、外部金融と内部金融があること、外部金融には企業間信用と間接金融と直接金融があり、間接金融は銀行等からの借入、直接金融は株式や社債の発行などがあることを押さえておこう。

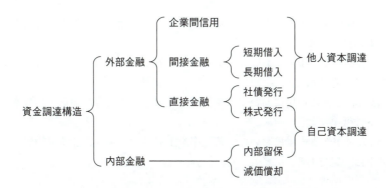

- **ア** ◯：正しい。資金調達構造の分類とそれぞれの代表例は押さえておこう。
- **イ** ×：借入金は間接金融であり、社債の発行は直接金融である。
- **ウ** ×：内部留保は内部金融である（外部金融ではなく、直接金融でもない）。
- **エ** ×：買掛金は企業間信用であり、借入金は上記のとおり間接金融である。

正解 ▶ **ア**

問題 31 企業価値（MM理論）

借入金のあるなし以外は同一条件の2つの企業がある。MM理論（モジリアーニ・ミラー理論）に関する記述として、最も適切なものの組み合わせを下記の解答群から選べ。

a 法人税がない市場において負債比率を上昇させた場合、加重平均資本コストは低下する。
b 法人税がない市場において負債比率を上昇させた場合、加重平均資本コストは一定である。
c 法人税がある市場において負債比率を上昇させた場合、加重平均資本コストは低下する。
d 法人税がある市場において負債比率を上昇させた場合、加重平均資本コストは一定である。

〔解答群〕
ア aとc
イ aとd
ウ bとc
エ bとd

解説

スピテキ Link ▶ 6章4節3項

POINT MM理論に関する問題である。MM理論は、過去の本試験で頻出であり、理論問題から計算問題まで幅広く出題される傾向がある。法人税がある市場と法人税がない市場において、資本構成と企業価値の関係、資本構成と資本コストの関係の違いについて押さえておきたい。

命　題	内　容
MMの命題	法人税が存在しない市場では、①企業価値はその資本構成に依存しない、②資本構成が変わってもWACCは一定である（負債比率が上昇すれば、株主の要求収益率は上昇する）。
MMの修正命題	法人税が存在する市場では、①負債利用による節税効果のため、財務レバレッジ（負債比率）が高まるほど節税効果の現在価値分だけ企業価値は上昇する、②負債比率が上昇するとWACCが低下する（負債比率が上昇すれば、株主の要求収益率は上昇する）。

- **a** ×：法人税がない市場において負債比率を上昇させた場合、加重平均資本コスト（WACC）は一定である。
- **b** ○：正しい。選択肢aのとおりである。
- **c** ○：正しい。法人税がある市場において負債比率を上昇させた場合、節税効果による資本コストが低下することで、加重平均資本コスト（WACC）は低下する。
- **d** ×：選択肢cのとおり、節税効果による資本コストが低下することで、加重平均資本コスト（WACC）は低下する。

正解 ▶ **ウ**

問題 32　企業価値（MM理論）

　当社は普通株式と社債発行によって資金調達を行っている。当社の普通株式と社債の時価は次のとおりである。投資家は、現在、普通株式には15％、社債には９％の収益率を要求している。

（単位：百万円）

	時　価
社　債	4,000
普通株式	6,000

　ここで、当社と事業資産、事業内容および営業利益の期待値がまったく同じのB社があると仮定する。B社は当社と資本構成のみ異なり、事業資産の全額が普通株式で構成されている。B社の普通株式の要求収益率として、最も適切なものはどれか（単位：％）。ただし、法人税はないものと仮定し、完全で効率的な資本市場の下であることを前提とする。

ア　8.6　　**イ**　9.2　　**ウ**　10.4　　**エ**　12.6

解説

スピテキLink ▶ 6章4節3項

MM理論に関する問題である。MM理論の結論をおさえ、それを用いて計算できるようにしてほしい。

本問では、当社と資本構成のみが異なるB社の普通株式の要求収益率が問われている。なお、B社の資本構成は、全額普通株式である。

MM理論の「法人税が存在しない場合、資本構成が変わってもWACCは一定である」の結論を適合させると、B社のWACCは当社のものと同じになるはずである。

当社の時価ベースでの調達総額は、10,000百万円であり、普通株式の占める割合が6/10、社債の占める割合が4/10である。よって、WACCは以下のとおりである。

WACC＝社債のコスト9％×(4/10)＋普通株式のコスト15％×(6/10)
　　　＝12.6(％)

B社のWACCは当社と同じ12.6％になるはずである。そして、株主資本の構成比率が100％であるならば、普通株式の要求収益率もWACCと同じ12.6(％)となる。

正解 ▶ エ

問題 33　ポートフォリオ理論

2つの証券（A証券、B証券）は、景気の変動により投資収益率が変化し、景気の変動とその確率および変動ごとの2つの証券の収益率のデータは次のようになっている。

景気	確率	A証券 収益率	B証券 収益率
好景気	0.4	20%	10%
並の景気	0.4	15%	5%
不景気	0.2	-5%	0%

このデータをもとに以下の各設問に答えよ。

設問 1　期待収益率の計算

A証券とB証券の期待収益率の組み合わせとして最も適切なものはどれか。

ア　A証券：12%　　B証券：6 %
イ　A証券：13%　　B証券：6 %
ウ　A証券：12%　　B証券：7 %
エ　A証券：13%　　B証券：7 %

設問 2　分散と標準偏差の計算

A証券の分散と標準偏差の組み合わせとして最も適切なものはどれか。

ア　分散：56　　標準偏差：7.48%
イ　分散：66　　標準偏差：8.12%
ウ　分散：76　　標準偏差：8.72%
エ　分散：86　　標準偏差：9.27%

設問 3　分散と標準偏差の計算

B証券の分散と標準偏差の組み合わせとして最も適切なものはどれか。

- **ア**　分散：14　　標準偏差：3.74%
- **イ**　分散：15　　標準偏差：3.87%
- **ウ**　分散：16　　標準偏差：4.00%
- **エ**　分散：17　　標準偏差：4.12%

設問 4　共分散の計算

A証券とB証券の共分散として最も適切なものはどれか。

- **ア**　30　　**イ**　32　　**ウ**　34　　**エ**　36

設問 5　相関係数の計算

A証券とB証券の相関係数として最も適切なものはどれか。

- **ア**　−0.92　　**イ**　−0.52　　**ウ**　0.02　　**エ**　0.92

設問 6　ポートフォリオの期待収益率の計算

　A証券とB証券を組み合わせたポートフォリオを考える。A証券とB証券の組み入れ比率を「0.6：0.4」としたときのこのポートフォリオの期待収益率として最も適切なものはどれか。

- **ア**　9.6%　　**イ**　10.0%　　**ウ**　10.2%　　**エ**　10.6%

設問 7　ポートフォリオの分散と標準偏差

A証券とB証券の組み入れ比率を「0.6：0.4」としたときのこのポートフォリオの分散と標準偏差の組み合わせとして最も適切なものはどれか。

- ア　分散：42.56　　標準偏差：6.52％
- イ　分散：44.56　　標準偏差：6.68％
- ウ　分散：46.56　　標準偏差：6.82％
- エ　分散：48.56　　標準偏差：6.97％

設問 8　ポートフォリオの期待収益率と標準偏差の関係

A証券とB証券の組み入れ比率を0.1ずつ変化させたときの期待収益率と標準偏差を表した下記のグラフのうち最も適切なものはどれか。なお、①と③は直線、②と④は曲線である。

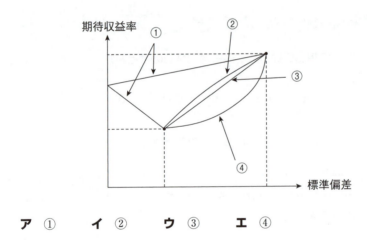

- ア　①　　イ　②　　ウ　③　　エ　④

解説

スピテキLink▶ 7章1節2・3項、2節1・2項、3節1〜3項

設問 1

POINT 期待収益率とは、各証券投資に対しての予測される収益率のことであり、次の方法で計算できる。

　　期待収益率＝(取る可能性のある収益率×確率)の和

イ ○：A証券の期待収益率＝20%×0.4＋15%×0.4＋(－5%)×0.2＝13%
　　　B証券の期待収益率＝10%×0.4＋5%×0.4＋0%×0.2＝6%

正解 ▶ **イ**

設問 2

POINT 分散や標準偏差は、期待収益率と取る可能性のある収益率とのばらつきを示す指標であり、実際の収益率と期待収益率との差（これを偏差という）を使って、次の計算式で求めることができる。

　　分散＝(偏差^2×確率)の和　　標準偏差＝$\sqrt{分散}$

エ ○：分　散＝(20%－13%)^2×0.4＋(15%－13%)^2×0.4
　　　　　　　　＋(－5%－13%)^2×0.2＝86
　　　標準偏差＝$\sqrt{86}$≒9.27

正解 ▶ **エ**

設問 3

B証券の分散と標準偏差も、設問 2 と同様に計算することができる。

ア ○：分　散＝(10%－6%)^2×0.4＋(5%－6%)^2×0.4
　　　　　　　　＋(0%－6%)^2×0.2＝14
　　　標準偏差＝$\sqrt{14}$≒3.74

正解 ▶ **ア**

107

設問 4

共分散とは、環境変化（本問の場合は景気の変動）により2つの証券がどの方向に動くのか、また、その動きの相関性はどの程度か、を判断するための概念であり、次の計算式で求めることができる。

共分散＝（A証券の偏差×B証券の偏差×確率）の和

イ ○：共分散＝$7 \times 4 \times 0.4 + 2 \times (-1) \times 0.4 + (-18) \times (-6) \times 0.2 = 32$

正解 ▶ イ

設問 5

相関係数とは、2つの証券の動く方向をプラスやマイナスの符号で、また、2つの証券の相関性の程度を－1～＋1までの範囲の指数として表したものであり、次の計算式で算定できる。

$$相関係数 = \frac{共分散}{A証券の標準偏差 \times B証券の標準偏差}$$

エ ○：相関係数＝$\dfrac{32}{\sqrt{86} \times \sqrt{14}} ≒ 0.92$

正解 ▶ エ

設問 6

POINT ポートフォリオの期待収益率は、設問1で求めたA証券とB証券のそれぞれの期待収益率を、組み合わせ比率で加重平均して求める方法が最も簡単である。

ウ ○：期待収益率＝$13\% \times 0.6 + 6\% \times 0.4 = 10.2\%$

正解 ▶ ウ

設問 7

POINT ポートフォリオの期待収益率は、設問6で求めたが、標準偏差まで算定するためには、景気の変動ごとのポートフォリオの収益率を計算する必要がある。

景気	確率	ポートフォリオの収益率	計算式
好景気	0.4	16%	20%×0.6+10%×0.4
並の景気	0.4	11%	15%×0.6+5%×0.4
不景気	0.2	−3%	−5%×0.6+0%×0.4

次に、このデータをもとに、ポートフォリオの期待収益率から標準偏差の計算プロセスをこれまでの計算手順を基に一覧表で示す。

景気	確率	収益率	期待収益率	偏差	偏差²×確率	分散	標準偏差
好景気	0.4	16%		5.8%	13.456		
並の景気	0.4	11%	10.2%	0.8%	0.256	48.56	(約)6.97%
不景気	0.2	−3%		−13.2%	34.848		

エ ○：上記より、ポートフォリオの分散は48.56、標準偏差は6.97%となる。

(注) なお、ポートフォリオの分散（および標準偏差）は次の公式で求めることが可能なので、覚えておいても損はない。

ポートフォリオの分散＝$(X_A)^2 \times (\sigma_A)^2 + (X_B)^2 \times (\sigma_B)^2 + 2 \times (X_A) \times (X_B) \times$（A証券とB証券の共分散）

X_A：A証券の組み入れ比率　X_B：B証券の組み入れ比率　（$X_A + X_B = 1$）
σ_A：A証券の標準偏差　　σ_B：B証券の標準偏差

正解 ▶ エ

設問 8

POINT ２つの証券の組み入れ比率を変化させたとき、当該ポートフォリオの期待収益率と標準偏差の組み合わせの軌跡は、相関係数（ρ）により異なり、具体的には下図のような形状となる。

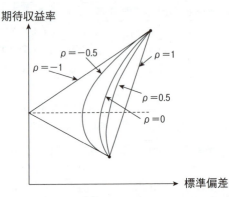

設問5 より、Ａ証券とＢ証券の相関係数は0.92と計算されている。したがって、軌跡は相関係数（ρ）が0.5の曲線と1の直線の間に位置することになる。

ア ×：相関係数が－1の場合の軌跡である。
イ 〇：上図より相関係数が0.92の場合における軌跡は②となる。
ウ ×：相関係数が1の場合の軌跡である。
エ ×：相関係数は－1から1までの値をとるが、この範囲内で軌跡④に該当する相関係数はない。

正解 ▶ イ

Memo

問題 34　ポートフォリオ理論

G社の証券投資の資料をもとにポートフォリオ理論に関する以下の各設問に答えよ。

【資料】

G社はα証券（以下αとする）とβ証券（以下βとする）を組み合わせて投資しようとしており、αとβの収益率について次の事項が判明している。

発生確率	αの収益率	αの期待収益率	αの偏差	βの収益率	βの期待収益率	βの偏差
0.4	30%		B	20%		?
0.4	15%	A	?	5%	C	?
0.2	5%		?	10%		D

	α	β
期待収益率	A	C
分　　散	94	46
標準偏差	9.7%	6.8%
共　分　散	52	

設問 1　期待値と偏差

資料の空欄A〜Dに入る数値の組み合わせとして最も適切なものはどれか。

ア　A：19%　　B：−11%　　C：10%　　D：−2%
イ　A：14%　　B：−11%　　C：12%　　D：　2%
ウ　A：19%　　B：　11%　　C：12%　　D：　2%
エ　A：14%　　B：−11%　　C：10%　　D：　2%
オ　A：19%　　B：　11%　　C：12%　　D：−2%

設問 2　相関係数

　αとβの収益率間の相関係数について述べた次の文章の空欄E～Hに入る語句の組み合わせとして最も適切なものはどれか。

　相関係数とは、2つの証券の動く方向を－1～＋1の範囲で表したものである。相関係数の値が＋1ならば2つの証券はまったく　E　に動き、逆に相関係数の値が－1ならば2つの証券はまったく　F　に動くものと判断できる。いま、資料のαとβの収益率間の相関係数を求めると約　G　となり、αとβの正の相関性が比較的　H　ということがわかる。

ア　E：同じ方向
　　　F：反対の方向
　　　G：0.79
　　　H：強い

イ　E：反対の方向
　　　F：同じ方向
　　　G：0.79
　　　H：弱い

ウ　E：同じ方向
　　　F：反対の方向
　　　G：0.74
　　　H：強い

エ　E：反対の方向
　　　F：同じ方向
　　　G：0.26
　　　H：強い

オ　E：同じ方向
　　　F：反対の方向
　　　G：0.26
　　　H：弱い

解説

スピテキLink ▶ 7章1節1項、2節1・2項、3節2項、4節1項

設問 1

POINT G社が保有するα、β証券（以下α、βとする）投資に対しての予測される収益率（期待収益率）は、確率論における期待値計算の方法で求めることができる。また、偏差は「取る可能性のある値－期待値」すなわち「収益率－期待収益率」で表される。

オ ◯：空欄A（αの期待収益率）は30％×0.4＋15％×0.4＋5％×0.2＝19％
空欄C（βの期待収益率）は20％×0.4＋5％×0.4＋10％×0.2＝12％
空欄Bは30％－19％＝11％
空欄Dは10％－12％＝－2％

正解 ▶ オ

設問 2

POINT 相関係数とは2証券の動く方向をプラスやマイナスの符号で、また2証券の相関性の程度を0～1までの範囲の指数として表したものであり、次の計算式で求める。

$$相関係数 = \frac{共分散}{\alphaの標準偏差 \times \betaの標準偏差} \quad \cdots\cdots ①$$

相関係数は－1～＋1の範囲の数値で表され、符号は2証券の動く方向性を示し、また数値の絶対値が1に近づくほど相関性は高いと判断できる。

相関係数（ρ：ロー）の符号とその数値の大きさにより、2証券の相関性を次のように分類することができる。

$\rho = -1$	完全に負の相関。まったく反対の方向に動く
$-1 < \rho < 0$	負の相関。別の方向に動く
$\rho = 0$	無相関。まったく関係なく動く
$0 < \rho < +1$	正の相関。同じ方向に動く
$\rho = +1$	完全に正の相関。まったく同じ方向に動く

また、αとβの収益率間の相関係数を求めると次のようになる（①式に代

入)。

$$相関係数 = \frac{52}{9.7\% \times 6.8\%} \fallingdotseq 0.79$$

0.79は0より1のほうに近いので、2証券の相関性は比較的強いといえる。

ア ◯： E ：同じ方向　　 F ：反対の方向
　　　　 G ：0.79　　　　 H ：強い

正解 ▶ **ア**

問題 35　ポートフォリオ理論

　以下のグラフは、ポートフォリオ理論の下での、すべてのリスク資産と無リスク資産の投資機会集合を示している。このグラフを用いた説明となる以下の文章の空欄①と②に入る語句の組み合わせとして、最も適切なものを下記の解答群から選べ。

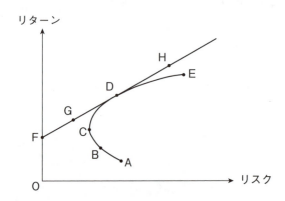

　無リスク資産が存在しない場合に構成されるポートフォリオの集合のうち、リスク・リターンの面から望ましい組み合わせのみを選んだ　①　を有効フロンティア（効率的フロンティア）と呼ぶ。
　また、無リスク資産が存在する場合に構成されるポートフォリオの集合のうち、リスク・リターンの面から望ましい組み合わせのみを選んだ有効フロンティアは直線FHとなる。このうち、無リスク利子率で資金の借り入れをして、その借り入れた資金で新たなリスク資産に投資する場合を示しているのは　②　である。

〔解答群〕
　ア　①：曲線BE　　②：点G
　イ　①：曲線BE　　②：点H
　ウ　①：曲線CE　　②：点G
　エ　①：曲線CE　　②：点H

解説

スピテキLink ▶ 第７章２節２項、４節１項

POINT 有効フロンティア（効率的フロンティア）に関する問題である。無リスク資産を考慮しない場合と考慮した場合の有効フロンティアについて押さえておこう。

　無リスク資産を考慮しない場合、リスク資産のポートフォリオにおけるリターンとリスクは、グラフ上曲線AEである。しかし、AからCのポートフォリオについては、同じリスクでリターンの高いポートフォリオがあるために、選択対象とならない。したがって、リスク資産のポートフォリオとして選択が行われるのは曲線CEの組み合わせの任意の点になる。このCからEまでの組み合わせを効率的ポートフォリオといい、その集合である曲線CEを有効フロンティア（効率的フロンティア）という。したがって、空欄①には「曲線CE」が入る。

　無リスク資産を考慮した場合における無リスク資産とリスク資産のポートフォリオは、無リスク資産とリスク資産を結ぶ直線となる。この直線のうち、同じリスクでリターンの高いポートフォリオが存在しない部分は点Dを接点とする直線FHとなり、この直線FHが無リスク資産とリスク資産を組み合わせた場合の有効フロンティアとなる。この有効フロンティアのうち、直線DHを借入ポートフォリオという。直線DH上は、投資比率が100％を超えるが、無リスク利子率で資金の借り入れをして、その借り入れた資金で新たなリスク資産に投資する場合を示したものである。したがって、空欄②には「点H」が入る。

正解 ▶ **エ**

問題 36　CAPM

　資本資産評価モデルを前提とした場合、以下の資料に基づく株式の期待収益率として、最も適切なものを下記の解答群から選べ。

【資料】
　　負債利子率：5%
　　市場ポートフォリオの期待収益率：10%
　　無リスク資産の期待収益率：2%
　　β：0.5
　　実効税率：30%

〔解答群〕
　ア　4.8%
　イ　6 %
　ウ　7.5%
　エ　10%

解説

スピテキLink ▶ 7章4節2項

POINT 株式の期待収益率を求める問題である。問題の資料にデータが与えられているため、CAPMの計算式に代入し解けばよい（CAPMの計算式については確実に処理できるようにしたい）。ただし、資料の負債利子率や実効税率は使うことはない（ダミーデータ）。

株式の期待収益率＝無リスク資産の期待収益率＋β×（市場ポートフォリオの期待収益率－無リスク資産の期待収益率）
　　　　　　　　＝2＋0.5×(10－2)＝6（％）

正解 ▶ イ

問題 37　CAPM

　ある投資家はI株式とJ株式の2銘柄のうち、I株式に投資資金の30%、J株式に投資資金の70%を投資しようとしている。この投資家は、各銘柄のβ値、安全利子率、および市場期待収益率について、以下のとおり予想している。CAPMに基づいて投資するとき、当該ポートフォリオの期待収益率として最も適切なものはどれか。

I 株式のβ	1.2	安全利子率	2%
J 株式のβ	0.9	市場期待収益率	4%

ア 3 %　　**イ** 3.6%　　**ウ** 3.98%　　**エ** 4 %　　**オ** 4.11%

解説

スピテキLink ▶ 7章4節2項

POINT ポートフォリオの期待収益率は、2証券の期待収益率の加重平均である。

投資割合はⅠ株式に30％、Ｊ株式に70％であるから、Ⅰ株式の期待収益率をⅠ(r)、Ｊ株式の期待収益率をＪ(r)とすれば、ポートフォリオの期待収益率Ｐ(r)は以下のようになる。

　　Ｐ(r)＝Ⅰ(r)×0.3＋Ｊ(r)×0.7

Ⅰ(r)およびＪ(r)はCAPMに基づき、安全利子率＋β×(市場期待収益率－安全利子率)で求められる。

　　Ⅰ(r)＝2＋1.2×(4－2)＝4.4％
　　Ｊ(r)＝2＋0.9×(4－2)＝3.8％

以上から、ポートフォリオの期待収益率Ｐ(r)は、

　　Ｐ(r)＝4.4×0.3＋3.8×0.7＝3.98

正解 ▶ ウ

| 問題 38 | 為替先物予約 | 1 / 2 / 3 / |

　J社が行った為替先物予約に関する以下の文章を読み、最も適切なものを下記の解答群から選べ。

　日本のJ社はアメリカのZ社に対して製品を総額10,000ドルで売り上げた（売上時の為替レートは1ドル＝110円）。代金は3カ月後にZ社から支払いを受ける契約になっているが、J社では為替変動による採算性の変動を避けるために、銀行と3カ月先のドル・円為替の為替先物予約を行うことを検討している。なお、3カ月先のドル・円為替の先物予約レートは1ドル＝105円である。
　いま、J社独自に3カ月先の為替変動を予測した結果、60％の確率で3カ月後には為替レートが1ドル＝120円になり、40％の確率で1ドル＝80円になるというデータが得られたという。J社ではこのデータを信頼に足るものであると判断している。
　以上の事柄をもとにJ社では最も有利な案を採用したいと考えている。なお、資料からわかること以外の事項については考慮外とする。

〔解答群〕
　ア　為替先物予約を行っても行わなくても損益は等しいものと予測されるのでどちらでもよい。
　イ　為替先物予約を行う場合には、行わない場合に比べて10,000円損失が多いと予測されるので行わないほうがよい。
　ウ　為替先物予約を行う場合には、行わない場合に比べて20,000円損失が多いと予測されるので行わないほうがよい。
　エ　為替先物予約を行う場合には、行わない場合に比べて10,000円損失が少ないと予測されるので行うほうがよい。
　オ　為替先物予約を行う場合には、行わない場合に比べて20,000円損失が少ないと予測されるので行うほうがよい。

解説

スピテキLink ▶ 7章5節2項

POINT J社が為替先物予約を(1)行う場合と(2)行わない場合に分けて損益を検討していく。

(1) 為替先物予約を行う場合

　J社はZ社に対して10,000ドルの売上債権を有しているので、円安・ドル高になれば為替差益が発生することになる。いま、3カ月先の為替予約レートは1ドル＝105円であり、現在のレートが1ドル＝110円なので、10,000ドル×(105円/ドル－110円/ドル)＝－50,000円となり、50,000円の為替差損が発生することになる。

(2) 為替先物予約を行わない場合

　60％の確率で3カ月先の為替レートが1ドル＝120円となり、10,000ドル×(120円/ドル－110円/ドル)＝100,000円の為替差益が発生し、40％の確率で3カ月先の為替レートが1ドル＝80円となり、10,000ドル×(80円/ドル－110円/ドル)＝－300,000円の為替差損が発生すると予測されている。

　よって、為替予約を行わない場合の損益の期待値を計算すると、

　　100,000円×0.6＋(－300,000円)×0.4＝－60,000円

となり、60,000円の為替差損が発生することになる。

エ　〇：(1)、(2)より、為替先物予約を行う場合には行わない場合に比べて為替差損が10,000円少なくなるので、行うほうがJ社にとって有利になる。

正解 ▶ エ

問題39 先物取引・先渡取引

先渡取引（フォワード）と先物取引（フューチャー）に関する記述として、最も適切なものはどれか。

ア 先物取引は、通常金融機関同士あるいは金融機関と顧客との間で店頭取引される。
イ 先物取引は契約の履行が保証されないため、信用リスクが高い。
ウ 先渡取引では、決済日において先渡価額全額を支払うことで現物との交換により決済される。
エ 先渡取引では、通常証拠金を必要とし、日々証拠金の値洗いが行われる。

解説

スピテキLink ▶ 7章5節1項

POINT 先渡・先物取引に関する問題である。先渡・先物取引とは、共に将来の定められた期日に定められた価格で原資産を購入あるいは売却する契約である。先渡と先物の大きな違いは、先渡が店頭（取引）であるのに対し、先物は取引所を通じた取引である点である。

ア ×：先物取引とは、通常取引所で行われる取引のことをいう。
イ ×：先物取引では契約の履行は取引所が保証する。したがって、信用リスクはない（あるいは極めて少ない）とみなすことができる。また、リスク回避の目的で証拠金制度が存在する。
ウ ○：正しい。選択肢のとおりである。
エ ×：証拠金とは、先物取引を行う際に預ける保証金のことであり、先渡取引では通常不要である。

正解 ▶ ウ

問題40 オプション取引

通貨オプション取引に関する次の文章の空欄A、Bに入る語句および数値として、最も適切なものの組み合わせを下記の解答群から選べ。

当社は、米国の会社に対し、1,000千ドル（為替1ドル＝120円）の商品を掛販売した。

当該売掛金は、3カ月後に決済されるものであり、円高による為替変動のリスクを限定する目的で、売掛金1,000千ドルを原資産とする　A　オプション（権利行使価格1ドル＝115円、3カ月後を限月とする）を同時に購入した。当該オプションは、満期日にのみ行使可能なものであり、オプション価格は1,000千円である。

上記オプション取引を実施することにより、1,000千ドルの売掛金と通貨オプションの所有からなるポートフォリオの損失は、最大でも　B　千円に限定されることになる。

〔解答群〕
- ア　A：プット　　B：4,000
- イ　A：プット　　B：6,000
- ウ　A：コール　　B：4,000
- エ　A：コール　　B：6,000

解説

スピテキ Link ▶ 7章5節3項

POINT
通貨オプションとは、外貨をある一定期日に売買する権利のことである。オプションには、買う権利と売る権利があり、買う権利のことをコールオプション、売る権利のことをプットオプションという。
また、一定期日における外貨の売買時の為替レートを行使価格といい、オプションを売買する際の価格のことをオプション価格（プレミアム、オプション料）という。

本問の場合、当社は外貨建ての債権（売掛金）を保有しているため、決済時までに為替が円高にふれると為替差損が生じるリスクがある。したがって、円高になると利益が生じる通貨オプション取引を行う必要がある。つまり、円高による原資産（売掛金）の損失を通貨オプション取引の利益で相殺する必要がある。

円高の場合に利益が生じる通貨オプション取引とは、ある一定の権利行使価格でドルを売る権利を購入する（プットオプションの購入）取引が該当する。本問における外貨建て売掛金の原資産とプットオプション（オプション価格を考慮後）の損益図を示すと次のとおりになる。

満期日の為替	売掛金の為替損益	オプション損益	損益合計
@ 130	＋10,000 千円	－1,000 千円	＋9,000 千円
@ 125	＋5,000 千円	－1,000 千円	＋4,000 千円
@ 120	0 千円	－1,000 千円	－1,000 千円
@ 115	－5,000 千円	－1,000 千円	－6,000 千円
@ 110	－10,000 千円	＋4,000 千円	－6,000 千円
@ 105	－15,000 千円	＋9,000 千円	－6,000 千円

円高とは、つまりドル安である。ドルのプットオプションを購入するということは、ドルがどれだけ値下がりしても行使価格で売却できることを意味する。ドルが値下がりすればするほど、市場から安くドルを調達し、同時にオプションを行使してドルを売却することで得られる利益が拡大する。上記の表からも明らかなように、オプションの購入によって、損失の最大値を固定化できるのである。

よって、問題にある文章の空欄Aには「プット」、空欄Bには「6,000」が入る。

正解 ▶ イ

問題 41　オプション取引

　海外の企業と掛による取引を行っている当社は、為替リスクを軽減するために通貨オプション取引を行っている。次の図は、当社が利用している通貨オプションの損益図である。この図をもとに、以下の各設問に答えよ。なお、当該国以外の国の存在は考慮しないものとする。

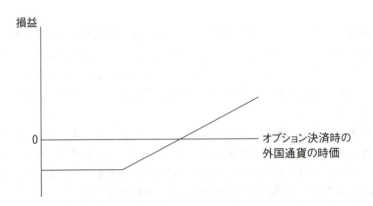

設問 1　海外取引

　当社が海外企業と行っている取引に関する記述として、最も適切なものはどれか。

ア　当社が海外企業と行っているのは輸出取引であり、自国通貨の価値が低下すると為替損失が発生する。
イ　当社が海外企業と行っているのは輸出取引であり、自国通貨の価値が上昇すると為替損失が発生する。
ウ　当社が海外企業と行っているのは輸入取引であり、自国通貨の価値が低下すると為替損失が発生する。
エ　当社が海外企業と行っているのは輸入取引であり、自国通貨の価値が上昇すると為替損失が発生する。

設問 2　オプション取引

オプションプレミアムに関する次の文章の空欄AとBに入る語句として、最も適切なものの組み合わせを下記の解答群から選べ。

オプションプレミアムとは、オプションの権利に対してつけられる価値のことである。単にプレミアムとよんだり、オプション価格、オプション料などとよんだりすることもある。

満期までの期間が　A　ほどオプションプレミアムは高くなるが、それ以外にも　B　（ボラティリティの大きさ）や、権利行使価格と時価との乖離幅の大きさ等によって価値が変動する。

〔解答群〕
　ア　A：長い　　B：対象資産の価格変動リスクの大きさ
　イ　A：長い　　B：価格の先行きの見通しコンセンサスの変化
　ウ　A：短い　　B：対象資産の価格変動リスクの大きさ
　エ　A：短い　　B：価格の先行きの見通しコンセンサスの変化

解説

スピテキLink ▶ 7章5節3項

設問 1

POINT オプションの損益図から、企業の取引を推測する問題である。

通貨オプション取引の損益図を確認すると、外国通貨の時価が高まれば利益が出る内容であることがわかる。この通貨オプション取引の利益で、輸出入取引から発生する為替損失を相殺することが目的なのだから、当社が行っている輸出入取引は、外国通貨の時価が高まれば損失が出る内容であることがわかる。

外国通貨の時価が高まったときに為替損失が発生するのは、輸入取引である。輸入により外国通貨建ての買入債務が発生する。外国通貨の時価が高まれば、外国通貨建ての買入債務（負債）も膨らんでしまうのである。外国通貨の価値が高まるとは、言い換えれば自国通貨の価値が低下するということである。

正解 ▶ ウ

設問 2

POINT オプションは、権利行使期間を過ぎれば消滅する。消滅が早いほどオプションの売り手にとって有利（買い手にとって不利）であり、逆に消滅が遅いほど売り手にとって不利（買い手にとって有利）である。

このことから、満期までの期間が長いほど、オプションプレミアムは高くなる。よって、空欄Aには「長い」が入る。
「価格の先行き見通しコンセンサスの変化」もオプションプレミアムに影響するが、ボラティリティが意味するのは「対象資産の価格変動リスクの大きさ」である。

正解 ▶ ア

Memo

問題42 貸借対照表の構造

貸借対照表における資産、負債、株主資本が増減する場合、その動きとして最も不適切なものはどれか。

ア 流動資産の増加と純資産（株主資本）の増加
イ 流動資産の増加と固定資産の減少
ウ 固定資産の増加と純資産（株主資本）の減少
エ 固定負債の減少と株主資本の増加

解説

スピテキLink ▶ 8章4節1項

POINT 貸借対照表の構造と簿記の仕訳のルールに関する問題である。貸借対照表の貸借は必ず一致する（借方の合計額＝貸方の合計額である）ため、選択肢の動きが貸借を一致させるかどうかを考えればよい。

貸借対照表

（借方）	（貸方）
流動資産①	流動負債③
	固定負債④
固定資産②	
	純資産（株主資本）⑤

ア ◯：正しい。流動資産①の増加と純資産（株主資本）⑤の増加は、借方と貸方を増加させることになり、貸借が一致する。たとえば、出資を受けた場合や増資をした場合による資金調達などが該当する。仕訳は次のとおりである。
（借）現　　　　金　XXX　（貸）資　本　金　XXX

イ ◯：正しい。流動資産①の増加と固定資産②の減少は、借方の減少と借方の増加であり、貸借が一致する。たとえば、固定資産の売却などが該当する。仕訳は次のとおりである。
（借）現　　　　金　XXX　（貸）固 定 資 産　XXX

ウ ×：固定資産②の増加と株主資本⑤の減少は、借方の増加と貸方の減少であり、貸借が一致しない。

エ ◯：正しい。固定負債④の減少と株主資本⑤の増加は、貸方の減少と貸方の増加であり、貸借が一致する。たとえば、デットエクイティスワップ（DES：債務の株式化）などが該当する。仕訳は次のとおりである。
（借）借　入　金　XXX　（貸）資　本　金　XXX

正解 ▶ **ウ**

問題43 勘定

当期中における備品の売却に関する次の勘定（一部）に基づき、以下の各設問に答えよ（単位：千円）。

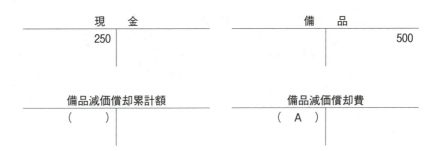

【条件】
・備品は、当期首より3年前に取得したものである。
・備品は定額法により減価償却を行っている。なお、残存価額10％、耐用年数5年により償却しており、前期末まで適切に処理されている。
・備品の売却は、当期首より8カ月経過した時点で行われ、売却代金は現金で受け取っている。

設問 1 勘定

空欄Aに入る金額として、最も適切なものはどれか。

ア 30　　**イ** 60　　**ウ** 90　　**エ** 100

設問 2　備品売却損益

備品売却損益に関する勘定記入として、最も適切なものはどれか。

ア

備品売却損	
20	

イ

備品売却損	
80	

ウ

備品売却益	
	20

エ

備品売却益	
	80

解説

スピテキLink ▶ 8章6節2項

POINT 本問は、有形固定資産(備品)の期中売却の理解を問う問題である(単位:千円)。

期中売却の問題を解答する上でポイントとなるのは、売却時点における有形固定資産の帳簿価額を正確に計算することにある。当該帳簿価額は以下の計算式で求める。

帳簿価額＝取得価額－期首減価償却累計額
　　　　－期首から売却月までの減価償却費……①

なお、本問では、設問1において期首から売却月までの減価償却費を求めさせ、設問2において①式で計算した帳簿価額と売却価額との差額から売却損益を求めさせる問題となっている。

設問1

問題文の条件には、備品の売却は、当期首より8カ月経過した時点で行われているとあるので、その期間(8カ月/12カ月)に対応する減価償却費を月割計算して計上する。

なお、問題文にある勘定より、備品勘定および備品減価償却累計額勘定が与えられているため、間接控除法が採用されていることがわかり、備品勘定の金額が取得価額となる。

備品減価償却費＝$500 \times 0.9 \div 5\text{年} \times \dfrac{8\text{カ月}}{12\text{カ月}} = 60$

正解 ▶ イ

設問 2

　備品売却損益を求めるためには、備品売却時点の帳簿価額を算定する必要がある。そのためには、①式のうち、まだ数値が確定していない期首時点の備品減価償却累計額を求める必要がある。

　問題文の条件には、備品は、当期首より3年前に取得したとあるので、備品減価償却累計額＝500×0.9÷5年×3年＝270となる。

　上記の各数値を①式にあてはめると、帳簿価額＝500－270－60（設問1より）＝170となる。売却損益は、帳簿価額170と売却価額250（資料の現金勘定より）との差額なので、売却益80が発生していることがわかる。

　ちなみに、備品売却にかかる仕訳を示すと、次のとおりである。

(借方)	現　　　　　　金	250	(貸方)	備　　　　　　品	500
	備品減価償却累計額	270		備 品 売 却 益	80
	備品減価償却費	60			

正解 ▶ エ

問題 44　勘定

下記の各勘定をもとに番号順に取引を類推した。これについて、最も適切なものはどれか（単位：千円）。なお、下記勘定以外のことは考慮しないこととする。

- **ア**　①の取引は当期純利益を資本金に振り替えた取引である。
- **イ**　②の取引は利息を差し引いて借入れを行った取引である。
- **ウ**　③の取引は仕入割引による取引である。
- **エ**　④の取引は掛けで商品を仕入れた取引である。

解説

スピテキLink ▶ 8章3節1・2項

POINT 仕訳と勘定に関する問題である。勘定から仕訳（取引）に戻せるかがポイントである。

ア ×：①は当期純利益を資本金に振り替えたのではなく、現金で元入れした取引である。

イ ×：②は借入れを行ったのでなく、利息とともに借入金を返済した取引である。

ウ ×：③は仕入割引ではなく、仕入戻しあるいは仕入値引による取引である。仕入割引による取引の記録は、仕入時の逆仕訳では行われないことに注意してほしい。

エ ○：④は掛けで商品を仕入れた取引である。

参考として、各取引の仕訳を示す（単位：千円）。

①	（借方）現　　　　金	500	（貸方）資　本　　金	500
②	（借方）借　入　　金	95	（貸方）現　　　　金	100
	（借方）支　払　利　息	5		
③	（借方）支　払　手　形	50	（貸方）仕　　　　入	50
④	（借方）仕　　　　入	200	（貸方）買　掛　　金	200

正解 ▶ エ

問題 45　商品有高帳

次の商品有高帳（一部未記入）にもとづき、商品Aの月間の売上原価として最も適切なものを下記の解答群から選べ（単位：円）。なお、先入先出法により商品有高帳の記入を行っている。

商 品 有 高 帳
商品　A

月	日	摘　要	受入 数量	受入 単価	受入 金額	払出 数量	払出 単価	払出 金額	残高 数量	残高 単価	残高 金額
9	1	前月繰越	30	200	6,000				30	200	6,000
	2	仕　入	40	210	8,400						
	5	売　上				50					
	10	仕　入	50	220	11,000						
	20	売　上				50					
	30	次月繰越				?					
			120		25,400	120		25,400			

〔解答群〕
ア　18,200
イ　19,500
ウ　21,000
エ　22,500

解説

スピテキLink ▶ 8章6節4項

POINT 商品有高帳に関する問題である。商品有高帳とは、商品の入庫・出庫状況を記録し、在庫状況を把握するための補助簿のことである。
　　商品有高帳を作成することで、在庫状況を把握できるだけでなく、期末棚卸高や売上原価の計算に役立てることができる。

　売上原価が問われている。次のようなボックス図を作成することで解きやすくなる。

商　品（数量）

前月繰越		売上原価	
9/1	30	9/5	50
		9/20	50
当月仕入			
9/2	40	次月繰越	
9/10	50	9/30	20

　払出単価＝＠220円（新しく仕入れたものが残っているため、9/10の単価が該当する）
　次月繰越高＝＠220円×20個＝4,400円
　したがって、
　売上原価＝受入高の合計額25,400－次月繰越高4,400＝21,000（円）
となる。

正解 ▶ ウ

問題46 期末商品棚卸高の計算

下記は、当期の決算整理前残高試算表である。当期の原価率が80％である場合、期末商品棚卸高はいくらであると考えられるか。最も適切なものを下記の解答群から選べ。

決算整理前残高試算表　（単位：円）

繰越商品	13,000	売上	122,000
仕入	99,600		

〔解答群〕
ア　13,000円
イ　15,000円
ウ　19,920円
エ　24,400円

解説

スピテキLink ▶ 第8章6節4項

POINT 期末の商品評価に関する問題である。売上原価の算定に係る決算整理について押さえておこう。

　原価率とは、売上高を1（100％）とした場合の原価の割合である。原価率80％より、期末商品棚卸高を計算すると次のとおりである。
<売上原価>
　売上高に原価率を乗じて計算する。
　売上原価：122,000×0.8＝97,600（円）
<期末商品棚卸高>
　「売上原価＝期首商品棚卸高＋当期商品仕入高－期末商品棚卸高」より、「期末商品棚卸高＝期首商品棚卸高＋当期商品仕入高－売上原価」と計算する。なお、決算整理前残高試算表の繰越商品は期首商品棚卸高のことを表しており、仕入は当期商品仕入高のことを表している点に注意する。
　期末商品棚卸高：13,000＋99,600－97,600＝15,000（円）

　なお、決算時の仕訳および決算整理後残高試算表を示すと次のとおりである。
<決算時>

（借）仕　　　　入	13,000	（貸）繰　越　商　品	13,000
（借）繰　越　商　品	15,000	（貸）仕　　　　入	15,000

<決算整理後残高試算表>

決算整理後残高試算表　　（単位：円）

繰越商品	15,000	売上	122,000
仕入	97,600		

　決算整理後残高試算表の繰越商品は期末商品棚卸高のことを表しており、仕入は売上原価のことを表している（同じ科目名でも異なることを表すようになる点を押さえておくこと）。

正解 ▶ イ

問題47　引当金

引当金についての記述として、最も適切なものの組み合わせを下記の解答群から選べ。

a 発生の可能性の低い偶発事象に係る費用または損失については、引当金を計上することができる。
b 発生の可能性の低い偶発事象に係る費用または損失については、引当金を計上することができない。
c 引当金の残高は、貸借対照表の負債の部に記載される。
d 引当金の残高は、貸借対照表の負債の部または資産の部に記載される。

〔解答群〕
　ア　aとc
　イ　aとd
　ウ　bとc
　エ　bとd

解説

スピテキLink▶ 第8章6節3項

POINT 引当金に関する問題である。引当金とは、将来の費用・損失を当期の費用・損失としてあらかじめ見越し計上したときの貸方項目である。引当金は、将来の特定の費用または損失であって、その発生が当期以前の事象に起因し、発生の可能性が高く、かつ、その金額を合理的に見積もることができる場合に計上される。引当金の計上要件は覚えておこう。

【引当金の計上要件】
① 将来の特定の費用または損失
② その発生が当期以前の事象に起因
③ 発生の可能性が高い
④ その金額を合理的に見積もることができる

a ×：発生の可能性の低い偶発事象に係る費用または損失については、引当金を計上することができない。なお、偶発事象とは、決算日後に、次期以降の財政状態および経営成績に影響を及ぼす可能性のある事象のことであり、たとえば損害賠償の可能性がある場合などが該当する。

b ○：正しい。選択肢aのとおりである。

c ×：引当金の残高は、貸借対照表の負債の部または資産の部に記載される。貸倒引当金は資産の控除項目として資産の部に、賞与引当金や退職給付引当金などは負債の部に記載される。

d ○：正しい。選択肢cのとおりである。

正解 ▶ エ

問題 48　決算整理

次の決算整理前残高試算表をもとに、以下の各設問に答えよ。

決算整理前残高試算表
平成 X8 年 3 月 31 日　（単位：万円）

借　方	勘定科目	貸　方
200	現　　　　金	
100	売　掛　金	
500	受　取　手　形	
50	繰　越　商　品	
150	有　価　証　券	
200	備　　　　品	
	支　払　手　形	300
	買　掛　金	500
	資　本　金	200
	利　益　準　備　金	50
	売　　　　上	2,000
1,700	仕　　　　入	
150	給　　　　料	
3,050	合　　　　計	3,050

設問 1　繰越商品勘定と仕入勘定

期末における商品棚卸の結果、商品在庫の帳簿棚卸残高と実地棚卸残高は一致し、その金額は100万円であった。決算整理仕訳における繰越商品勘定と仕入勘定の空欄①～⑥の数値および勘定科目として最も適切なものの組み合わせを下記の解答群から選べ（単位：万円）。

```
        繰越商品勘定                        仕　入　勘　定
3/31  ①    ②   | 3/31  ①    ③             ：      | 3/31  ④    ⑥
                        3/31  ④    ⑤
```

〔解答群〕

	①	②	③	④	⑤	⑥
ア	仕入	50	100	繰越商品	100	50
イ	繰越商品	100	100	仕入	50	50
ウ	仕入	100	50	繰越商品	50	100
エ	繰越商品	50	100	仕入	100	50
オ	仕入	100	100	繰越商品	50	50

設問 2　営業利益

今期の営業利益として最も適切なものはどれか。ただし、設問1および以下の決算整理事項を考慮すること（単位：万円）。

●備品減価償却費の計上　20　　●貸倒引当金の計上　30

ア 50　　**イ** 100　　**ウ** 150　　**エ** 200

解説

スピテキLink ▶ 8章6節4項

設問 1

POINT 決算では、損益計算書を作成するために販売済商品の原価（売上原価）の把握が必要となる。しかし、決算前の仕入勘定には未販売の商品も計上されているなどそのままの数値を使うと不正確になるため、決算整理を行う必要がある。決算整理仕訳と各勘定科目への転記は次のとおりである（単位：万円）。

（借方）仕　　　　入　50　（貸方）繰　越　商　品　50
（借方）繰　越　商　品　100　（貸方）仕　　　　入　100

繰越商品勘定				仕入勘定			
3/31 仕入	100	3/31 仕入	50	⋮		3/31 繰越商品	100
				3/31 繰越商品	50		

正解 ▶ ウ

設問 2

POINT 営業利益を求めるために損益計算書を作成する（単位：百万円）。売上原価は、設問1で期首と期末の繰越商品の金額を振り替えた後の仕入勘定における貸借差額に該当する。すなわち、売上原価＝50（期首商品棚卸高）＋1,700（当期商品仕入高）－100（期末商品棚卸高）＝1,650となる。また、備品減価償却費20と貸倒引当金繰入30については、いずれも販売費及び一般管理費の項目である。以上をふまえ、損益計算書を作成すると次のようになる。

損益計算書　　（単位：百万円）

売　上　高		2,000
売 上 原 価		1,650
売上総利益		350
販売費及び一般管理費		
給　　料	150	
備品減価償却費	20	
貸倒引当金繰入額	30	200
営業利益		150

ウ ○：営業利益＝2,000（売上高）－1,650（売上原価）
　　　　　－200（販売費及び一般管理費）
　　　　＝150

正解 ▶ **ウ**

問題49 経過勘定

　20X1年9月1日に100,000千円を借り入れた（20X5年8月31に一括返済する約定のものである）。利率は年3％、利息は20X2年2月末日を初回として6カ月ごとに後払いする契約である。当期（20X1年4月1日から20X2年3月31日）の支払利息の金額として最も適切なものはどれか。なお、この他の支払利息の発生はないものとする。

- **ア**　1,500千円
- **イ**　1,750千円
- **ウ**　3,000千円
- **エ**　3,500千円

解説

スピテキLink ▶ 第8章6節5項

POINT 経過勘定に関する問題である。期中における処理と決算における処理を確実にできたかがポイントである。

<借入（9月1日）>

| （借）現 金 預 金 100,000 | （貸）借 入 金 100,000 |

<利息の支払い（2月末）>

| （借）支 払 利 息※ 1,500 | （貸）現 金 預 金 1,500 |

※ $100,000 \times 3\% \times \dfrac{6}{12} = 1,500$（千円）

<決算整理：利息の見越（3月31日）>

| （借）支 払 利 息※ 250 | （貸）未 払 利 息 250 |

※ $100,000 \times 3\% \times \dfrac{1}{12} = 250$（千円）

上記より、当期の支払利息は1,500＋250＝1,750（千円）である。

正解 ▶ イ

問題 50 精算表

次に示す精算表に基づき、以下の各設問に答えよ（単位：百万円）。

精 算 表

勘定科目	残高試算表 借方	残高試算表 貸方	整理記入 借方	整理記入 貸方	損益計算書 借方	損益計算書 貸方	貸借対照表 借方	貸借対照表 貸方
現　　　　　金	50						①	
売　　掛　　金	70							
有　価　証　券	70							
繰　越　商　品	30							
建　　　　　物	600							
土　　　　　地	450							
買　　掛　　金		60						
借　　入　　金		150						
貸　倒　引　当　金		5						
減価償却累計額		270						②
資　　本　　金		700						
売　　上　　高		800						
受　取　利　息		15				④		
仕　　　　　入	550				⑤			
給　　　　　料	120							
営　　業　　費	50							
支　払　利　息	10							
計	2,000	2,000						
雑　　損　　失								
貸倒引当金繰入額								
減　価　償　却　費								
？								
未　収　利　息								
未　払　利　息								③
当　期　純　利　益					(⑥)			
合　　　　　計								

【決算整理事項等】
1．現金に関する事項
　　現金につき実査したところ48であった。帳簿金額との差額は不明であるため、雑損失として処理する。
2．商品に関する事項

期末商品棚卸高は50である。なお、期末商品につき減耗等は生じていない。
3．建物に関する事項
　　建物の減価償却については、耐用年数6年、残存価額10％の定額法で実施する。
4．貸倒引当金に関する事項
　　売掛金期末残高に対して、貸倒引当金を10％設定する（差額補充法）。
5．有価証券に関する事項
　　売買目的で保有しているものであり時価評価する。期末時点における時価は75である。
6．経過勘定に関する事項
　　（1）利息の未収高：7
　　（2）利息の未払高：3

設問 1　現金、減価償却累計額

精算表の空欄①、②に入る金額として、最も適切なものの組み合わせを選べ。

ア ①：45　②：360　　**イ** ①：45　②：370
ウ ①：48　②：360　　**エ** ①：48　②：370

設問 2　未払利息、受取利息

精算表の空欄③、④に入る金額として、最も適切なものの組み合わせを選べ。

ア ③：3　④：18　　**イ** ③：3　④：22
ウ ③：4　④：18　　**エ** ③：4　④：22

設問 3　仕入、当期純利益

精算表の空欄⑤、⑥に入る金額として、最も適切なものの組み合わせを選べ。

ア ⑤：530　⑥：17　　**イ** ⑤：530　⑥：20
ウ ⑤：570　⑥：17　　**エ** ⑤：570　⑥：20

解説

スピテキLink ▶ 8章8節

POINT

資料にある「1．現金に関する事項」を処理した後にその他の決算整理を行うことになる（単位：百万円）。
決算整理事項等の仕訳は、次のとおりである。

1. （借方）雑　　損　　失　　2　　（貸方）現　　　　　金　　2
2. （借方）仕　　　　　入　30　　（貸方）繰　越　商　品　30
   （借方）繰　越　商　品　50　　（貸方）仕　　　　　入　50
3. （借方）減 価 償 却 費　90　　（貸方）減価償却累計額　90
   ※600×0.9÷6年＝90
4. （借方）貸倒引当金繰入額　2　　（貸方）貸 倒 引 当 金　　2
   ※売掛金期末残高70×0.1＝7　差額補充法により、7－5＝2
5. （借方）有　価　証　券　　5　　（貸方）有価証券評価益　5
   ※時価75－取得価額70＝5
6. （借方）未　収　利　息　　7　　（貸方）受　取　利　息　7
   （借方）支　払　利　息　　3　　（貸方）未　払　利　息　3

以上の未処理事項および決算整理事項を整理記入欄に記入し、精算表を完成させると次のようになる。

精　算　表

勘定科目	残高試算表 借方	残高試算表 貸方	整理記入 借方	整理記入 貸方	損益計算書 借方	損益計算書 貸方	貸借対照表 借方	貸借対照表 貸方
現　　　　金	50			2			① 48	
売　掛　金	70						70	
有　価　証　券	70		5				75	
繰　越　商　品	30		50	30			50	
建　　　　物	600						600	
土　　　　地	450						450	
買　掛　金		60						60
借　入　金		150						150
貸　倒　引　当　金		5		2				7
減価償却累計額		270		90				② 360
資　本　金		700						700
売　上　高		800				800		
受　取　利　息		15		7		④ 22		
仕　　　　入	550		30	50	⑤ 530			
給　　　　料	120				120			
営　業　費	50				50			
支　払　利　息	10		3		13			
計	2,000	2,000						
雑　　損　　失			2		2			
貸倒引当金繰入額			2		2			
減　価　償　却　費			90		90			
有価証券評価益				5		5		
未　収　利　息			7				7	
未　払　利　息				3				③ 3
当　期　純　利　益					(⑥ 20)			20
合　　　　計			189	189	827	827	1,300	1,300

設問 1

①：48、②：360となる。　　　　　　　　　　　正解 ▶ ウ

設問 2

③：3、④：22となる。　　　　　　　　　　　正解 ▶ イ

設問 3

⑤：530、⑥：20となる。　　　　　　　　　　　正解 ▶ イ

155

問題 51 精算表

次の精算表に基づき、以下の各設問に答えよ。

精　算　表　　　　　　　　　（単位：千円）

勘定科目	残高試算表 借方	残高試算表 貸方	修正記入 借方	修正記入 貸方	損益計算書 借方	損益計算書 貸方	貸借対照表 借方	貸借対照表 貸方
現　　　　金	250						250	
当　座　預　金	1,010						(　)	
売　　掛　　金	505						(　)	
繰　越　商　品	560		(　)	(　)			440	
貸　　付　　金	(　)						510	
建　　　　物	790						790	
備　　　　品	(　)						615	
①社債発行費	20			5			(　)	
買　　掛　　金		610						610
借　　入　　金		250						(　)
貸倒引当金		8		(　)				(　)
減価償却累計額		122		(　)				(　)
資　　本　　金		2,100						2,100
売　　　　上		(　)				3,500		
受　取　利　息		40	(　)			(　)		
仕　　　　入	2,155		(　)	(　)	A			
給　　　　料	200				200			
支　払　利　息	15		(　)		(　)			
	6,630	6,630						
貸倒引当金繰入			22		(　)			
減価償却費			60		(　)			
社債発行費償却			(　)		(　)			
未　払　利　息				3				(　)
未　収　利　息			5				(　)	
当期（　　）					(　)			(　)
			1,095	1,095	(　)	(　)	4,140	4,140

設問 1　仕入

空欄Aに入る金額として最も適切なものはどれか（単位：千円）。

ア 2,035　　**イ** 2,275　　**ウ** 2,575　　**エ** 2,580

設問 2　社債発行費

精算表中の勘定科目のうち、下線部①の社債発行費は、決算整理において償却額の控除が行われている。社債発行費に関する説明として最も適切なものはどれか。

ア 費用を適切に期間配分するため、貸借対照表上の負債に計上することがみとめられる費用項目であり、償却額を控除した未償却残高を記載する。
イ 同様のものに株式交付費、創立費、研究費、開発費がある。
ウ その効果が永久に発現するものと見なされる場合には、償却不要とされる。
エ 実質的な財産価値を有していない。

設問 3　当期純損益

当期純損益として最も適切なものはどれか（単位：千円）。

ア －10　　**イ** 962　　**ウ** 965　　**エ** 1,065

解説

スピテキLink ▶ 8章8節

設問 1

精算表から当期仕入高は2,155千円、期首商品棚卸高は560千円、期末商品棚卸高は440千円であることが確認できるので、売上原価は2,155千円＋560千円－440千円＝2,275千円と算定できる。

正解 ▶ イ

設問 2

繰延資産に関する問題である。
企業会計基準委員会により平成18年8月に公表された「繰延資産の会計処理に関する当面の取扱い」では、株式交付費、社債発行費等、創立費、開業費、開発費を繰延資産として取り扱っている。

繰延資産に関しては、以下のポイントを押さえてほしい。

① 費用を支払った効果が当期中に限らず将来に及ぶことが期待されるため、期間損益計算を適正に行う観点から、費用を適切に期間配分して計上する必要がある。
② そのため、費用を貸借対照表上の繰延資産に計上し、適切な期間内に償却することで、次期以降に繰り越す。
③ 繰延資産は実質的な財産価値を有していない。無形固定資産のような法律上の権利ではなく、流動資産および有形固定資産のような換金価値（または担保価値）ももっていない。

以上をふまえ、各肢ごとに正誤を検討していく。

ア ×：社債発行費は、貸借対照表上の負債ではなく繰延資産に計上することが認められる費用項目であり、償却額を控除した未償却残高を記載する。
イ ×：現在、研究費は繰延資産として扱われていない（販管費として計上）。
ウ ×：繰延資産は実質的な財産価値を有していないため、債権者に対する

債務の弁済手段として利用できないので、債権者保護の観点から、繰延資産の対象となる費用項目が限定されているとともに、適切な期間内に償却することが義務づけられている。

エ ◯：正しい。

正解 ▶ **エ**

設問 3

空欄を埋めて貸借差額を計算すると当期純利益965千円となる。

精　算　表

（単位：千円）

勘定科目	残高試算表 借方	残高試算表 貸方	修正記入 借方	修正記入 貸方	損益計算書 借方	損益計算書 貸方	貸借対照表 借方	貸借対照表 貸方
現　　　　　金	250						250	
当　座　預　金	1,010						(*1,010*)	
売　　掛　　金	505						(*505*)	
繰　越　商　品	560		(*440*)	(*560*)			440	
貸　　付　　金	(*510*)						510	
建　　　　　物	790						790	
備　　　　　品	(*615*)						615	
社　債　発　行　費	20			5			(*15*)	
買　　掛　　金		610						610
借　　入　　金		250						(*250*)
貸　倒　引　当　金		8		(*22*)				(*30*)
減価償却累計額		122		(*60*)				(*182*)
資　　本　　金		2,100						2,100
売　　　　　上		(*3,500*)				3,500		
受　取　利　息		40		(*5*)		(*45*)		
仕　　　　　入	2,155		(*560*)	(*440*)	A 2,275			
給　　　　　料	200				200			
支　払　利　息	15		(*3*)		(*18*)			
	6,630	6,630						
貸倒引当金繰入			22		(*22*)			
減　価　償　却　費			60		(*60*)			
社債発行費償却			(*5*)		(*5*)			
未　払　利　息				3				(*3*)
未　収　利　息			5				(*5*)	
当期（純利益）					(*965*)			(*965*)
			1,095	1,095	(*3,545*)	(*3,545*)	4,140	4,140

正解 ▶ ウ

Memo

問題52 キャッシュフロー計算書

キャッシュフローの増加要因として最も適切なものはどれか。

- **ア** 売上債権の増加
- **イ** 棚卸資産の増加
- **ウ** 前払費用の増加
- **エ** 仕入債務の増加

解説

スピテキLink ▶ 第9章3節

キャッシュフローの増加要因に関する問題である。間接法においてプラス（マイナス）に表示されるものを整理しておきたい。

ア ✕：売上債権は簿記上、借方項目（運用形態）であり、借方の増加はキャッシュにマイナスに作用する。
イ ✕：棚卸資産は簿記上、借方項目であり、借方の増加はキャッシュにマイナスに作用する。
ウ ✕：前払費用は、経過勘定であり、借方項目である。借方の増加はキャッシュにマイナスに作用する。
エ ○：正しい。仕入債務は簿記上、貸方項目（調達源泉）であり、貸方の増加はキャッシュにプラスに作用する。

正解 ▶ エ

問題53 キャッシュフロー計算書

次のキャッシュフロー計算書に関する説明のうち、最も適切なものはどれか（単位：千円）。

```
           キャッシュフロー計算書
Ⅰ 営業活動によるキャッシュフロー
   税引前当期純利益           25,000
   減 価 償 却 費              8,000
   貸倒引当金の増加額         (      )
   受取利息及び受取配当金      -4,300
   支  払  利  息             7,200
   有形固定資産売却益         (      )
   売上債権の増加額           (      )
   棚卸資産の減少額           (      )
   仕入債務の減少額          -17,000
       小     計             13,500
   利息及び配当金の受取額       4,700
   利 息 の 支 払 額          -6,200
   法人税等の支払額           -9,000
   営業活動によるキャッシュフロー 3,000

          （以  下  省  略）
```

ア 損益計算書上の支払利息は6,200である。
イ 貸倒引当金は、貸借対照表上の資産の控除項目であり、貸倒引当金の増加は営業活動によるキャッシュフローの減少要因となる。
ウ 有形固定資産売却益は、営業活動によるキャッシュフローの計算上、プラスの調整項目となる。
エ 棚卸資産の減少額は、貸借対照表上の資産の項目であるため、棚卸資産の減少は営業活動によるキャッシュフローの増加要因となる。

解説

スピテキLink ▶ 9章3節

POINT キャッシュフロー計算書に関する問題である。営業活動によるキャッシュフロー（間接法）に関する知識が問われており、空欄の数値を計算する必要はない（そもそも計算できない）。なお、過去問題のキャッシュフロー計算書を題材にしており、問題の設定上、数値は空欄にしている。

```
              キャッシュフロー計算書
  Ⅰ　営業活動によるキャッシュフロー
       税引前当期純利益              25,000
       減 価 償 却 費                 8,000
       貸倒引当金の増加額           (    600)
       受取利息及び受取配当金         -4,300
       支 払 利 息                   7,200
       有形固定資産売却益           ( -2,000)
       売上債権の増加額             (-10,000)
       棚卸資産の減少額             (  6,000)
       仕入債務の減少額              -17,000
              小     計             13,500
       利息及び配当金の受取額          4,700
       利 息 の 支 払 額             -6,200
       法人税等の支払額              -9,000
       営業活動によるキャッシュフロー   3,000
                （以 下 省 略）
```

ア ×：損益計算書上の支払利息は7,200である。小計下の利息の支払額は、経過勘定を考慮した実際の支出額が計上される。

イ ×：貸倒引当金は、貸借対照表上、資産の控除項目であり売上債権等から控除する（前半は正しい）。しかし、後半が誤りである。貸倒引当金の増加は営業活動によるキャッシュフローの増加要因となる。貸倒引当金は、簿記上（キャッシュフロー計算書作成上）は、貸方の項目としてとらえるとよい。

ウ ×：有形固定資産売却益は、税引前当期純利益から営業利益に戻すため、営業活動によるキャッシュフローの計算上、マイナスの調整項目となる。

エ ○：正しい。棚卸資産の減少（あるいは増加）は営業活動によるキャッシュフローの増加（あるいは減少）要因となる。

正解 ▶ エ

問題 54 キャッシュフロー計算書

当期のキャッシュフロー計算書（一部抜粋）および財務データの一部は次のとおりである。営業収入と原材料または商品の仕入れによる支出の金額として、最も適切なものの組み合わせを下記の解答群から選べ（単位：百万円）。

キャッシュフロー計算書　（単位：百万円）

Ⅰ．営業活動によるキャッシュフロー

税引前当期純利益	360
減価償却費	400
特別利益	-120
受取利息及び受取配当金	-80
支払利息	50
売上債権の減少額	120
棚卸資産の増加額	-300
仕入債務の減少額	-140
小　計	(　　　)

財務データ　（単位：百万円）

売上高　2,500　　売上原価　1,400

〔解答群〕

ア　営業収入：2,380　原材料または商品の仕入れによる支出：-1,560
イ　営業収入：2,380　原材料または商品の仕入れによる支出：-1,840
ウ　営業収入：2,620　原材料または商品の仕入れによる支出：-1,560
エ　営業収入：2,620　原材料または商品の仕入れによる支出：-1,840

解説

スピテキLink▶ 9章2節1項

POINT キャッシュフロー計算書（直接法）に関する問題である。与えられたキャッシュフロー計算書（間接法）から、営業収入と原材料または商品の仕入れによる支出が問われている。

営業収入は、売上高をもとに売上債権の増減を調整することで求める。
よって、営業収入＝売上高－売上債権↑※
　　　　　　　＝2,500－（－120）
　　　　　　　＝2,620（百万円）　となる。

※売上債権の減少額120は、たとえば、期末が120であり、期首が240という状態である。つまり、売上債権の期末から期首を差し引いた金額が減少しているということであり、売上債権↑（＝売上債権の期末－期首）は、－120となる。これはキャッシュ上プラスに作用する。

次に、原材料または商品の仕入れによる支出であるが、売上原価をもとにして棚卸資産の増減、仕入債務の増減を調整することで求める。
よって、
　－原材料または商品の仕入れによる支出＝－売上原価－棚卸資産↑＋仕入債務↑
　　　　　　　　　　　　　　　　　　　＝－1,400－300＋（－140）
　　　　　　　　　　　　　　　　　　　＝－1,840（百万円）　となる。

正解 ▶ エ

問題 55　個別原価計算

　A社は個別原価計算制度を採用している。当月における製造指図書別の製造・販売および製造原価に関する資料は次のとおりである。当月の売上原価として最も適切なものを下記の解答群から選べ。

【資料】

(単位：千円)

製造指図書	＃121	＃122	＃123	＃124	合　計
前 月 繰 越	2,800	0	0	0	2,800
直 接 材 料 費	0	1,800	1,200	850	3,850
直 接 労 務 費	200	600	450	250	1,500
機械運転時間	50 時間	450 時間	300 時間	100 時間	900 時間
備　　　考	完成・引渡	完成・引渡	完成・未渡	未完成	－

（注）製造間接費は機械運転時間に基づいて配賦される。当月の製造間接費合計額は 2,700 千円である。

〔解答群〕

　　ア　4,250千円
　　イ　6,300千円
　　ウ　6,900千円
　　エ　9,450千円

解説

スピテキLink ▶ 10章2節2項

POINT 個別原価計算に関する問題である。
資料の（注）より、製造間接費は機械運転時間に基づいて配賦される。
また、備考より、#121と122は完成・引渡済なので売上原価、#123は完成・未渡なので月末製品、#124は未完成なので月末仕掛品に分類される。
製造指図書ごとに製造原価を集計していくと、以下のようになる。

（単位：千円）

製造指図書	#121	#122	#123	#124	合　計
前月繰越	2,800	0	0	0	2,800
直接材料費	0	1,800	1,200	850	3,850
直接労務費	200	600	450	250	1,500
製造間接費	150※1	1,350※2	900※3	300※4	2,700
合　　計	3,150	3,750	2,550	1,400	10,850
備　　考	売上原価	売上原価	月末製品	月末仕掛品	―

2,700千円÷900時間＝＠3千円
※1　＠3×50＝150
※2　＠3×450＝1,350
※3　＠3×300＝900
※4　＠3×100＝300

以上より、当月の売上原価は、3,150＋3,750＝6,900千円となる。

正解 ▶ **ウ**

問題 56　個別原価計算

当社は個別原価計算制度を採用している。原価計算表および製造・販売状況は以下のとおりである。直接作業時間に基づいて製造間接費を配賦するとき、当月の売上原価として、最も適切なものを下記の解答群から選べ。

原　価　計　算　表　　（単位：千円）

	No.101	No.102	No.103	合　計
直 接 材 料 費	200	350	250	800
直 接 労 務 費	350	550	300	1,200
製 造 間 接 費	(　　)	(　　)	(　　)	1,500
合　　　計	(　　)	(　　)	(　　)	(　　)

製造・販売状況：

　製造指図書No.101：当月直接作業時間290時間、当月完成、当月引渡
　製造指図書No.102：当月直接作業時間460時間、当月未完成
　製造指図書No.103：当月直接作業時間250時間、当月完成、次月引渡予定
　なお、No.101、No.102、No.103はすべて当月から製造に着手している。

〔解答群〕

　ア　925千円
　イ　985千円
　ウ　1,590千円
　エ　3,500千円

解説

スピテキLink ▶ 第10章2節2項

POINT 個別原価計算に関する問題であり、売上原価の金額が問われている。本問の計算プロセスは、①売上原価が計上される製造指図書を確認する、②製造間接費の配賦を行い、当該指図書のみ空欄を埋めることで解を導く。

① 売上原価が計上されている製造指図書の確認

　製造指図書No.101（当月完成、当月引渡）が該当する。したがって、No.101の製造指図書のみ集計すれば足りることがわかる。なお、各製造指図書のフローは、次のとおりである。

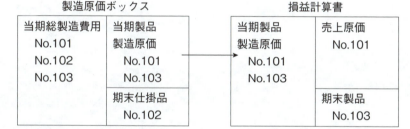

② 製造間接費の配賦

　製造間接費の合計額は、1,500千円であり、配賦基準は直接作業時間である。直接作業時間の合計が1,000時間であるため、
　単位あたり配賦製造間接費は、1,500÷1,000＝1.5千円／時である。
　よって、No.101の製造間接費は、1.5×290＝435千円

　したがって、縦計を計算すると、
　直接材料費200＋直接労務費350＋製造間接費435＝985（千円）
となる。

正解 ▶ イ

なお、原価計算表を完成させると次のとおりである。

原 価 計 算 表　　　（単位：千円）

	No.101	No.102	No.103	合　計
直接材料費	200	350	250	800
直接労務費	350	550	300	1,200
製造間接費	435	690	375	1,500
合　　計	985	1,590	925	3,500

Memo

問題 57　総合原価計算

　当社は、X製品を単一工程で大量生産している。材料はすべて工程の始点で投入している。月末仕掛品の評価は総平均法による。次の資料は、X製品の当月分の製造に関するものである。当月分のX製品の完成品原価として最も適切なものを下記の解答群から選べ。

＜数量データ＞（注）（　）内は加工進捗度を表す。

　　月初仕掛品　　150 個（40％）
　　当 月 投 入　　300
　　合　　　計　　450 個
　　月末仕掛品　　120　　（50％）
　　完　成　品　　330 個

＜原価データ＞

	直接材料費	加　工　費
月初仕掛品	5,400 千円	1,590 千円
当月製造費用	9,000 千円	6,600 千円

〔解答群〕
　ア　16,500千円
　イ　16,566千円
　ウ　17,160千円
　エ　17,490千円

解説

スピテキLink ▶ 10章2節2項

POINT 総合原価計算に関する問題である。総合原価計算では、与えられた条件より、直接材料費と加工費に分けて、ボックス図を作成する。
なお、原価配分は平均法という指示があることに注意する（総平均法の場合には、月初仕掛品と当月投入の内訳を考慮する必要はない）。

直接材料費

月初仕掛品 150個 5,400千円	完成品 330個 10,560千円※
当月投入 300個 9,000千円	月末仕掛品 120個 3,840千円※

※(5,400 + 9,000) − 3,840 = 10,560千円
もしくは
@32 × 330個 = 10,560千円

※@32 × 120個 = 3,840千円

＜平均法で算出した単価＞
(5,400 + 9,000) ÷ (150 + 300) = @32千円

加 工 費

月初仕掛品 60個 1,590千円	完成品 330個 6,930千円※
当月投入 330個※ 6,600千円	月末仕掛品 60個 1,260千円※

※(1,590 + 6,600) − 1,260 = 6,930千円
もしくは
@21 × 330個 = 6,930千円

※@21 × 60個 = 1,260千円

※ 330 + 120 × 0.5 − 150 × 0.4 = 330

(1,590 + 6,600) ÷ (60 + 330) = @21千円

※月初仕掛品は前月末の状態（150個、進捗度40％）がそのまま当月に繰り越される点に注意する。

以上より、当期製品製造原価 = 10,560 + 6,930 = 17,490（千円）
となる。

正解 ▶ **エ**

問題 58　総合原価計算

　次に示す当社のある月の生産データおよび製造原価データをもとにして、当月の製品製造原価として、最も適切なものを下記の解答群から選べ（単位：千円）。なお、原価配分は先入先出法によるものとする。

〔生産データ〕

　　X製品：月初仕掛品　　50個（80％）
　　　　　当月投入　　　350個
　　　　　　　計　　　　400個　　　　　注）材料は全て始点で投入している。
　　　　　月末仕掛品　　100個（40％）　　　　（　）内は加工進捗度を示す。
　　　　　完成品　　　　300個

〔製造原価データ〕

	直接材料費	加工費	計
月初仕掛品原価	1,000千円	280千円	1,280千円
当月総製造費用	7,000千円	3,000千円	10,000千円
計	8,000千円	3,280千円	11,280千円

〔解答群〕

　ア　8,000
　イ　8,880
　ウ　8,905
　エ　11,280

解説

スピテキLink ▶ 第10章2節2項

POINT 総合原価計算に関する問題である。総合原価計算では、与えられた条件より直接材料費と加工費に分けてボックス図を作成することになる（直接材料費と加工費の個数換算が異なるため、ボックス図をそれぞれ作成するのがよい）。なお、原価配分は先入先出法という指示があることに注意する。

直接材料費

月初仕掛品 50 個 1,000 千円	完成品 300 個 6,000 千円※
当月投入 350 個 7,000 千円 ※7,000 ÷ 350 個 ＝ 20 千円	月末仕掛品 100 個 2,000 千円※

※（1,000 ＋ 7,000）－ 2,000 ＝ 6,000

※ 20 千円 × 100 個

加 工 費

月初仕掛品 40 個 280 千円	完成品 300 個 2,880 千円※
当月投入 300 個※ 3,000 千円 ※3,000 ÷ 300 個 ＝ 10 千円	月末仕掛品 40 個 400 千円※

※（280 ＋ 3,000）－ 400 ＝ 2,880

※ 10 千円 × 40 個

※ 300 個 ＋ 100 個 × 0.4 － 50 個 × 0.8 ＝ 300 個

※月初仕掛品は前月末の状態（50個、進捗度80％）がそのまま当月に繰り越される点に注意する。

以上より、当期製品製造原価＝6,000 ＋ 2,880 ＝ 8,880（千円） となる。

正解 ▶ イ

問題59 標準原価計算

当社では、標準原価計算を採用している。以下の資料に基づき、数量差異として、最も適切なものを下記の解答群から選べ。

【資料】
(1) 原価標準（抜粋）
　　直接材料費　　100円/kg× 5 kg＝ 500円
(2) 当月の生産量
　　月初仕掛品　　20個　　（加工進捗度50％）
　　当月投入　　 120個
　　　合　計　　 140個
　　月末仕掛品　　40個　　（加工進捗度50％）
　　当月完成品　 100個
　　なお、材料はすべて工程の始点で投入されている。
(3) 当月の直接材料費の実際発生額は 68,200円（110円/kg× 620kg）であった。

〔解答群〕
　ア　不利差異：2,000円
　イ　不利差異：2,200円
　ウ　不利差異：7,000円
　エ　不利差異：7,700円

解説

スピテキLink ▶ 10章2節2項

 標準原価計算に関する問題である。差異分析に関する問題は、ボックス図を描いて解くと効率的である。

まずは、当月投入量を把握する。ついで、当月投入量より、標準材料消費量を計算し、ボックス図を描くことで、数量差異を計算する。

仕掛品勘定

月初仕掛品 20個	当月完成品 100個
当月投入 120個	月末仕掛品 40個

実際単価＠110円
標準単価＠100円

	価格差異　△6,200円	
		数量差異 △2,000円

標準材料消費量　　　　　実際材料消費量
600 kg（5 kg×120個）　　620 kg

数量差異＝＠100円×(600 kg－620 kg)
　　　　＝△2,000（円）

正解 ▶ ア

問題 60 標準原価計算

直接材料費の差異分析に関する次の資料に基づき、数量差異として最も適切な数値はどれか（単位：円）。

【資　料】
材料の標準価格：100 円 / kg
材料の標準消費量：5 kg / 個
材料の実際価格：98 円 / kg
材料の実際消費量：5,500 kg
期首仕掛品数量：　50 個
期末仕掛品数量：150 個
当期完成品数量：900 個

ア　10,000（有利差異）
イ　11,000（有利差異）
ウ　49,000（不利差異）
エ　50,000（不利差異）
オ　61,000（不利差異）

解説

スピテキLink ▶ 10章2節2項

POINT 本問においては数量差異が問われているが、価格差異についてもしっかり復習しておきたい。最終的に、以下の図が完成すれば後はケアレスミスをしないよう確実に計算するだけである。内側に標準値、外側に実際値を置くだけなので、図のパターンは覚えておこう。

実際価格、標準価格、実際消費量は資料で与えられている。標準消費量は5kg/個で与えられているので、当期投入数量を乗じる必要がある。当期投入数量は、期末仕掛品数量150個＋当期完成品数量900個－期首仕掛品数量50個＝1,000個である。1個当たりの材料使用量の予定が5kgで、1,000個投入であるから、予定どおりであれば材料消費量は5,000kgであったと考えるとイメージしやすい。

以上から、

　直接材料費差異＝－39,000（不利差異）
　　　　　　　　＝価格差異11,000（有利差異）－数量差異50,000（不利差異）

であることがわかる。

正解 ▶ エ

問題 61　税効果会計

税効果会計に関する記述として、最も適切なものはどれか。

ア　税効果会計における「法人税等」に含まれるのは、法人税、住民税、事業税、消費税である。

イ　一時差異が発生した場合には、その重要性にかかわらず、すべての差異について、繰延税金資産および繰延税金負債を計上しなければならない。

ウ　繰延税金資産は、資産の部のうち、繰延資産の部に表示される。

エ　受取配当金の益金不算入額は、永久差異であり、税効果会計の対象とならない。

解説

スピテキLink ▶ 11章5節1〜3項

POINT
税効果会計に関する問題である。将来減算一時差異や永久差異の各項目について押さえておきたい。

ア ×：「法人税等」に含まれるのは、法人税、住民税、事業税であり、消費税は税効果会計の対象とならない。

イ ×：重要性が乏しい一時差異については、繰延税金資産および繰延税金負債を計上しないことができる（「税効果会計に係る会計基準（注解4）」）。

ウ ×：繰延税金資産は、固定資産（投資その他の資産）に区分して表示する。

エ ○：正しい。選択肢のとおりである。

正解 ▶ エ

問題 62　税効果会計

税効果会計について以下の各設問に答えよ。

設問 1　一時差異

税効果会計に関する次の記述中の空欄A～Dにあてはまる語句の組み合わせとして最も適切なものを下記の解答群から選べ。

　税効果会計においては、税効果会計を適用するか否かにより差異を　A　と　B　に区分し、さらに　A　については、法人税等を繰り延べるのか見越計上するのかによって　C　と　D　に区分される。
　また、　C　は、将来の課税所得を減額する効果をもつものであり、具体例としては減価償却超過額などがある。

〔解答群〕
ア　A：永久差異　　　　　　　B：一時差異
　　C：将来減算一時差異　　　D：将来加算一時差異
イ　A：永久差異　　　　　　　B：一時差異
　　C：将来加算一時差異　　　D：将来減算一時差異
ウ　A：一時差異　　　　　　　B：永久差異
　　C：将来減算一時差異　　　D：将来加算一時差異
エ　A：一時差異　　　　　　　B：永久差異
　　C：将来加算一時差異　　　D：将来減算一時差異

設問 2　税効果会計の処理

以下の資料（損益計算書の一部）に基づいて述べられた税効果会計に関する記述のうち、最も適切なものはどれか（単位：千円）。
　※△はマイナスの意味である。

【資　料】

損益計算書（一部）

税引前当期純利益		100,000
法人税、住民税及び事業税	(　？　)	
法人税等調整額	(　①　)	(　？　)
当期純利益		(　？　)

・法人税等の実効税率は40％である。
・当期において会計上貸倒損失5,000を計上したが、税法上損金と認められなかった。

ア　資料の空欄①には2,000が当てはまり、貸借対照表には繰延税金資産が2,000計上される。

イ　資料の空欄①には2,000が当てはまり、貸借対照表には繰延税金負債が2,000計上される。

ウ　資料の空欄①には△2,000が当てはまり、貸借対照表には繰延税金資産が2,000計上される。

エ　資料の空欄①には△2,000が当てはまり、貸借対照表には繰延税金負債が2,000計上される。

設問 3　税効果会計の会計処理

C社のある事業年度における税務調整項目の発生状況は次のとおりであった。
① 　貸倒損失の損金不算入額：1,000 千円
② 　減価償却費の損金算入限度超過額：2,000 千円
③ 　受取配当金の益金不算入額：500 千円

B社が税効果会計を適用した場合に行うべき仕訳として、最も適切なものはどれか。なお、法人税等の実効税率を40％とする（単位：千円）。

ア　（借方）繰延税金資産　1,400　（貸方）法人税等調整額　1,400
イ　（借方）繰延税金資産　3,500　（貸方）法人税等調整額　3,500
ウ　（借方）繰延税金資産　1,200　（貸方）法人税等調整額　1,200
エ　（借方）繰延税金資産　3,000　（貸方）法人税等調整額　3,000

解説

スピテキLink▶ 11章5節1〜3項

設問 1

税効果会計に関する問題である。一時差異と永久差異の違い、将来減算一時差異と将来加算一時差異の違いについて整理しておきたい。

税効果会計においては、税効果会計を適用するか否かにより差異を A：一時差異 と B：永久差異 に区分し、さらに A：一時差異 については、法人税等を繰り延べるのか見越計上するのかによって C：将来減算一時差異 と D：将来加算一時差異 に区分される。

よって、A：一時差異、B：永久差異、C：将来減算一時差異、D：将来加算一時差異の組み合わせであるウが正解である。

なお、永久差異は、差異が永久に解消されないため、税効果会計は適用されない点に注意する。永久差異の具体的な項目には、受取配当金の益金不算入額、交際費の損金不算入額、寄付金の損金不算入額、罰科金の損金不算入額などがある。

正解 ▶ **ウ**

設問 2

当期において損金算入できなかった貸倒損失の分だけ課税所得が増加し、その結果税金の実際支払額と企業会計上「あるべき税金費用」の額との間に差額が生じている。そのため、税効果会計を適用した場合、損益計算書上の「法人税、住民税及び事業税」を減額し、その減額分を貸借対照表の資産に振り替えることで調整を行う（単位：千円）。

損金不算入となった貸倒損失を加えた課税所得が、105,000と計算された場合に、損益計算書上の「法人税、住民税及び事業税」は、105,000（課税所得）×0.4（法人税等の実効税率）＝42,000となる。

税効果会計とは、この「法人税、住民税及び事業税」を損益計算書上適切に期間配分し、税引前当期純利益（100,000）に対応させる手法である。

税引前当期純利益に対応した税額＝100,000（税引前当期純利益）×0.4（法人税等の実効税率）＝40,000

よって、将来減算一時差異＝42,000－40,000＝2,000となる。
損益計算書上の「法人税、住民税及び事業税」を調整する仕訳は、次のようになる。

（借方）繰延税金資産　2,000　　（貸方）法人税等調整額　2,000

以上をふまえて資料の損益計算書（一部）を埋めると、以下のようになる。

損益計算書（一部）　　　　（単位：千円）

税引前当期純利益	100,000
法人税、住民税及び事業税　（　　42,000）	
法人税等調整額　　　　　　（①△2,000）	（　40,000）
当期純利益	（　60,000）

ウ　〇：仕訳より、空欄①には△2,000が当てはまる。また、貸借対照表には繰延税金資産2,000が計上される。

正解　▶　ウ

設問 3

POINT　税効果会計において一時差異が発生する場合の仕訳についての問題である。
　税効果会計とは、会計上の収益、費用と税法上の益金、損金の認識時点の相違などがある場合に、「法人税、住民税及び事業税」の額を適切に期間配分することにより、これらの税額を税引前当期純利益に対応させる手段である。

　与えられた税務調整項目のうち、①および②については、将来減算一時差異が発生するため、税効果会計の対象となる。したがって、①と②の合計額3,000（千円）は税務上損金にならないため当事業年度の課税所得に加算される。これにより3,000×0.4＝1,200だけ法人税、住民税及び事業税が大きくなり、これを調整するために次のような仕訳を行うことになる。

（借方）繰延税金資産　1,200　　（貸方）法人税等調整額　1,200

なお、③については税効果会計の対象とならない永久差異であるため、考慮してはならない。

正解 ▶ **ウ**

Memo

問題 63　減損会計

固定資産の減損に関する記述として、最も適切なものはどれか。

ア　固定資産の減損処理は、取得原価基準のもとで回収可能性を反映させるように、過大な帳簿価額を減額し、将来に損失を繰り延べないために行われる会計処理である。

イ　資産または資産グループから得られる割引前将来キャッシュフローの総額が帳簿価額を上回る場合に減損損失を認識する。

ウ　回収可能価額とは、正味売却価額と再調達原価のいずれか高い金額をいう。

エ　減損損失は、帳簿価額から正味売却価額を控除した金額をいう。

解説

スピテキLink ▶ 11章2節1～2項

POINT 固定資産の減損に関する問題である。固定資産の減損とは、固定資産の収益性の低下により投資額の回収が見込めなくなった状態であり、減損処理とは、そのような場合に、一定の条件の下で、回収可能性を反映させるように帳簿価額を減額する会計処理である。

ア ○：正しい。減損処理の目的である。

イ ×：減損の兆候がある資産または資産グループについて、これらが生み出す割引前の将来キャッシュフローの総額がこれらの帳簿価額を下回るときには、減損の存在が相当程度に確実であるとし、そのような場合に減損損失を認識することとされている。

> 帳簿価額≦割引前将来キャッシュフロー
> ⇒　減損損失を認識しない
> 帳簿価額＞割引前将来キャッシュフロー
> ⇒　減損損失を認識する

ウ ×：回収可能価額とは、正味売却価額と使用価値のいずれか高い金額をいう。再調達原価とは、購入市場における時価（購入価額）を意味する。

エ ×：減損損失は、帳簿価額から回収可能価額を控除した金額をいう。

正解 ▶ **ア**

問題64　減損会計

当社の保有する資産グループAにおいて減損の兆候が認められ、割引前将来キャッシュフローも帳簿価額を下回ることから、減損損失を認識した。測定される減損損失の金額として、最も適切なものを下記の解答群から選べ。なお、当期の減価償却計算は適正に行われているものとする。

【資　料】資産グループAに関する資料
① 帳簿価額：1,200千円
② 時　　価：　780千円
③ 処分費用：　 30千円
④ 使用価値：　840千円

〔解答群〕
ア　360千円
イ　450千円
ウ　750千円
エ　840千円

解説

スピテキLink ▶ 第11章2節2項

POINT

減損会計は次の手続きで行われる。
① 対象となる資産のグルーピングを行う（認識・測定する単位を定める）
② 減損の兆候の有無の把握
③ 減損損失の認識
④ 減損損失の測定

ただし、本設問においては①〜③については手続き済みであり、④の減損損失の測定が問われている。減損損失は、固定資産の帳簿価額を回収可能価額まで減額し、減損損失（特別損失）を認識する。回収可能価額とは、売却による回収額である「正味売却価額」と使用による回収額である「使用価値」のいずれか高い金額をいう。つまり、減損損失を計算するためには、「固定資産の帳簿価額」および「正味売却価額」と「使用価値」の数値が必要となる。

● 帳簿価額
　与えられた資料より、1,200千円
● 回収可能価額
　正味売却価額と使用価値のいずれか高い額を回収可能価額とする。
　a　正味売却価額
　　固定資産の時価から処分費用を控除して計算する。
　　780－30＝750千円
　b　使用価値
　　与えられた資料より、840千円
　　∴　a＜bより回収可能価額は840千円
● 減損損失の測定
　「帳簿価額－回収可能価額」より減損損失を計算する。
　減損損失：1,200－840＝360千円

正解 ▶ ア

問題 65 株主資本等変動計算書

下記の空欄A、Bに入る金額の組み合わせとして、最も適切なものを下記の解答群から選べ（単位：百万円）。

株主資本等変動計算書　　（単位：百万円）

	株主資本								自己株式	株主資本合計	純資産合計
	資本金	資本剰余金			利益剰余金						
		資本準備金	その他資本剰余金	資本剰余金合計	利益準備金	その他利益剰余金		利益剰余金合計			
						任意積立金	繰越利益剰余金				
前期末残高	5,000	800	50	850	200	100	300	600	△50	6,400	6,400
当期変動額											
新株の発行	100	100		A						?	?
剰余金の配当					10		B	△100		?	?
当期純利益							100	100		100	100
自己株式の処分											
当期変動額合計	100	100	?	?	?		?	?		?	?
当期末残高	5,100	900	50	?	?	100	290	?	△50	?	?

〔解答群〕

ア　A：100　B：△100
イ　A：100　B：△110
ウ　A：200　B：△100
エ　A：200　B：△110

解説

スピテキLink ▶ 第11章3節1項

POINT 新株発行を行った場合の資本金組入額、剰余金の配当に伴う準備金の積立、および株主資本等変動計算書の読み方を押さえておこう。

株主資本等変動計算書に関する問題である。空欄を埋めると次のようになる。

株主資本等変動計算書
（単位：百万円）

	株主資本								自己株式	株主資本合計	純資産合計
	資本金	資本剰余金			利益剰余金						
		資本準備金	その他資本剰余金	資本剰余金合計	利益準備金	その他利益剰余金		利益剰余金合計			
						任意積立金	繰越利益剰余金				
前期末残高	5,000	800	50	850	200	100	300	600	△50	6,400	6,400
当期変動額											
新株の発行	100	100		100						200	200
剰余金の配当					10		△110	△100		△100	△100
当期純利益							100	100		100	100
自己株式の処分											
当期変動額合計	100	100		100	10		△10	—		200	200
当期末残高	5,100	900	50	950	210	100	290	600	△50	6,600	6,600

・空欄Aについて

　新株を発行した際には、会社に対して払込み、または給付された財産の全額が資本金として計上される。ただし、払込みまたは給付された額の2分の1を超えない額を、資本金として計上しないことも可能である。このとき、資本金として計上しなかった額は、資本準備金として計上しなければならない。

　株主資本等変動計算書を読むと、新株の発行により、資本金と資本準備金が100百万円ずつ増加していることがわかる。つまり、新株の発行により200百万円が払込まれ、資本金と資本準備金として100百万円ずつ計上したと読み取れる。空欄Aで問われている資本剰余金とは、資本準備金とその他資本剰余金の合計額であるため、100（百万円）が入る。

・空欄Bについて

　会社が剰余金の配当を行う場合には、当該剰余金の配当により減少する

額の10分の１を資本準備金または利益準備金に積み立てる必要がある。また、この準備金への計上は、配当時資本準備金と利益準備金の合計額が資本金の４分の１に達していれば不要だが、４分の１未満であれば４分の１に達するまで積立てを行う必要がある。

　株主資本等変動計算書を読むと、剰余金の配当により、利益準備金が10百万円増加し、利益剰余金合計が100百万円減少していることがわかる。これは配当として流出する100百万円に対し、100百万円の10分の１に相当する10百万円を利益準備金として積み立てたためであると類推することができる。よって、空欄Ｂには、△110（百万円）が入る。

解答 ▶ イ

Memo

問題 66　剰余金の配当による準備金の計上

　剰余金の処分において、株主に対してその他利益剰余金を原資とする配当金4,000千円を支払うことを決定した。以下の資料に基づいて、会社法に従うとき積み立てるべき利益準備金の最低額はいくらか。最も適切なものを下記の解答群から選べ。

【資　料】配当基準日における純資産の部の状況
資　本　金　　　　　30,000千円
資本準備金　　　　　4,000千円
その他資本剰余金　　1,200千円
利益準備金　　　　　3,000千円
その他利益剰余金　　6,000千円

〔解答群〕
　ア　　0千円
　イ　300千円
　ウ　400千円
　エ　500千円

解説

スピテキLink ▶ 11章3節1項

POINT 剰余金の配当による準備金の計上額を計算する問題である。剰余金の配当を行う場合には、①配当額の10分の1、②資本金の4分の1－配当時の法定準備金（資本準備金＋利益準備金）のいずれか小さい方の金額を、資本準備金または利益準備金に積み立てる必要がある。

なお、準備金への計上は、配当時の資本準備金と利益準備金の合計額が資本金の4分の1に達していれば不要であり、4分の1未満であれば4分の1に達するまで積み立てを行う必要がある。

① 配当額$4,000 \times \dfrac{1}{10} = 400$

② 資本金$30,000 \times \dfrac{1}{4}$－（資本準備金$4,000$＋利益準備金$3,000$）
　$= 7,500 - 7,000 = 500$

∴　①$400 <$ ②$500$

したがって、積立額は400（千円）となる。

正解 ▶ ウ

問題 67　リース取引

リース取引に関する記述として、最も適切なものの組み合わせを下記の解答群から選べ。

a ファイナンス・リース取引とは、解約不能とフルペイアウトの要件を満たすリース取引と定義されている。ここでいう解約不能には、法的形式上は解約可能であるとしても解約に際し相当の違約金を支払わなければならない等の理由から、事実上解約不能と認められる場合も含まれる。

b オペレーティング・リース取引とは、ファイナンス・リース取引以外のリース取引をいう。

c 所有権移転ファイナンス・リース取引および所有権移転外ファイナンス・リース取引については、いずれもリース物件の取得と同様の取引と考えられるため、自己所有の固定資産と同一の方法により減価償却費を算定する。

d リース資産は、その所有権が直ちに借手に移転しないため、資産性が認められない。

〔解答群〕
　ア　aとb
　イ　aとc
　ウ　bとc
　エ　bとd
　オ　cとd

解説

スピテキLink ▶ 11章4節2項

POINT リース取引に関する会計基準に関する問題である。リース取引は、ファイナンス・リース取引が論点となるため、ファイナンス・リース取引に該当する要件や会計手続きを整理しておこう。

a ○：正しい。法的形式上は解約可能であるとしても、解約に際し相当の違約金を支払わなければならない等の理由から、事実上解約不能と認められる場合には、解約不能（ノンキャンセラブル）に該当すると考えられる。

b ○：正しい。解約不能（ノンキャンセラブル）とフルペイアウトの2つの要件をすべて満たす取引がファイナンス・リース取引であり、この2つの要件を満たさない（ファイナンス・リース取引以外）取引は、オペレーティング・リース取引となる。

c ×：所有権移転ファイナンス・リース取引については、リース物件の取得と同様の取引と考えられるため、自己所有の固定資産と同一の方法により減価償却費を算定する。これに対して、所有権移転外ファイナンス・リース取引については、リース物件の取得とは異なりリース物件を使用できる期間がリース期間に限定されるという特徴があるため、原則として、リース資産の償却期間はリース期間とし、残存価額はゼロとして減価償却費を算定する。

d ×：リース資産は、その所有権がただちに借手に移転しないが、リース契約によって、借手がリース資産の使用収益によって経済的利益を享受する権利を有することから、資産性が認められる。

よって、aとbの組み合わせが正しい。

正解 ▶ **ア**

問題 68 連結財務諸表に関する会計基準

P社は、S社株式の80％を5,000万円で取得し、S社を子会社として支配した。S社の諸資本は4,800万円であるとき、連結貸借対照表に計上されるのれんの金額および表示区分の組み合わせとして最も適切なものはどれか（単位：万円）。

- **ア** のれんの金額：1,000　表示区分：有形固定資産
- **イ** のれんの金額：1,000　表示区分：無形固定資産
- **ウ** のれんの金額：1,160　表示区分：有形固定資産
- **エ** のれんの金額：1,160　表示区分：無形固定資産

解説

スピテキLink ▶ 11章7節2項

POINT のれんに関する問題である。のれんとは、人や組織などに関する優位性を源泉として、当該企業の平均的収益力が同種の他の企業のそれより大きい場合におけるその超過収益力を意味する。表示区分は、連結貸借対照表の無形固定資産である。

資本連結時の仕訳は以下のとおりである（のれんは貸借差額で計算する）。

諸資本（S社）	4,800	関係会社株式（P社）	5,000
の れ ん	1,160	非支配株主持分	960

したがって、のれんの金額は1,160(万円)、表示区分は<u>無形固定資産</u>である。

【補足】のれん
　のれんは、資産（無形固定資産）に計上し、<u>20年以内</u>のその効果の及ぶ期間にわたって、<u>定額法</u>その他の合理的な方法により規則的に償却する。のれんの当期償却額は、<u>販売費及び一般管理費</u>の区分に表示する。

正解 ▶ **エ**

中小企業診断士　2021年度版
最速合格のためのスピード問題集　②　財務・会計

(2005年度版　2005年3月15日　初版　第1刷発行)

2020年9月28日　初　版　第1刷発行

編　著　者	ＴＡＣ株式会社
	（中小企業診断士講座）
発　行　者	多　田　敏　男
発　行　所	ＴＡＣ株式会社　出版事業部
	（ＴＡＣ出版）

〒101-8383
東京都千代田区神田三崎町3-2-18
電話 03(5276)9492(営業)
FAX 03(5276)9674
https://shuppan.tac-school.co.jp

印　　刷	株式会社　光　　邦
製　　本	株式会社　常川製本

© TAC 2020　　Printed in Japan　　ISBN 978-4-8132-9013-1
N.D.C. 335

落丁・乱丁本はお取り替えいたします。

本書は、「著作権法」によって、著作権等の権利が保護されている著作物です。本書の全部または一部につき、無断で転載、複写されると、著作権等の権利侵害となります。上記のような使い方をされる場合、および本書を使用して講義・セミナー等を実施する場合には、小社宛許諾を求めてください。

各種本試験の実施の延期、中止を理由とした本書の返品はお受けいたしません。返金もいたしかねますので、あらかじめご了承くださいますようお願い申し上げます。

中小企業診断士への関心が高まった方へおすすめ

2021合格目標 1次「財務・会計」先どり学習講義

1次試験「財務・会計」試験、2次試験「事例Ⅳ」とも数値計算をする問題が出題されます。当講義は頻出領域に絞って解説しながらインプットし、問題を解きながらアウトプットする学習をしていきます。
「財務・会計」が得意になると、2次試験「事例Ⅳ」の学習でも大きなアドバンテージを得られます。早期に対策を行うことで、「財務・会計」をぜひ得意科目にしてください！

カリキュラム

第1回	□ 会計種類 □ B/S(貸借対照表)、P/L(損益計算書)の概要とつながり □ B/S、P/Lの一般的な項目	□ 簿記(仕訳)の基礎、仕訳の練習、減価償却 □ B/S、P/L作成練習 □ キャッシュフロー計算書
第2回	□ 経営分析(総合収益性、収益性、効率性、安全性)	□ 1次過去問題演習　　□ 2次過去問演習
第3回	□ CVP分析(損益分岐点、損益分岐点比率、安全余裕率、利益計画、利益差異、感度分析) □ 1次過去問題演習　　□ 2次過去問演習	
第4回	□ 投資の経済性計算(正味現在価値法、内部収益率法、収益性指数法、単純回収期間法) □ 1次過去問題演習　　□ 2次過去問演習	

学習メディア
●ビデオブース講座　●Web通信講座

教材
オリジナルテキスト1冊

講義時間
140分/回

フォロー制度
質問メール：3回まで(受講生専用サイトにて受付)

受講料

コース	学習メディア	通常受講料
1次「財務・会計」先どり学習講義	ビデオブース講座	¥15,000
	Web通信講座	¥14,000

※左記は入会金不要
※受講料は教材費・消費税10%が含まれます。

中小企業診断士試験の受講を検討中でもっといろいろなことをお知

これから始める相談ダイヤル
ライセンスアドバイザーまで
お気軽にご相談ください。

通話無料 **0120-443-411**

受付時間 月〜金／9:30〜19:00　土・日・祝／9:30〜18:00

資格の学校 TAC

2021合格目標 1次パック生 [直前編]

全7科目のアウトプットを中心に直前期の総仕上げをしたい方におすすめです。TACオリジナル問題の答練・公開模試を受験することで、得点力が向上します。

カリキュラム 全21回（内Web受講7回）+1次公開模試

	2021年5月〜7月
1次完成答練 [14回]	本試験の予想問題に取り組み、これまでの学習の成果を確認します。 ここで間違えてしまった問題は、確実にマスターすることが重要です。
1次公開模試 [2日間]	本試験と同様の形式で実施する模擬試験です。 自分の実力を正確に測ることができます。これまでの学習の成果を発揮してください。
1次最終講義 [各科目1回／全7回]	1次試験対策の最後の総まとめ講義です。 法改正などのトピックも交えた最新情報をお伝えします。

学習メディア
●教室講座 ●ビデオブース講座 ●Web通信講座 ●DVD通信講座

フォロー制度
質問メール：10回まで（受講生専用サイトにて受付）

受講料

コース	学習メディア	開講月	通常受講料	
1次パック生（直前編）	教室講座	2021年5月	¥80,000	2021年 2月1日(月)より お申込みいただけます。
	ビデオブース講座			
	Web通信講座	2021年4月	¥72,000	
	DVD通信講座		¥88,000	

※0から始まる会員番号をお持ちでない方は、受講料のほかに別途入会金¥10,000（消費税込）が必要です（ただし、¥30,000未満のコースは不要）。
※受講料は教材費・消費税10%が含まれています。

なりたい方は、下記のサービス（無料）をお気軽にご利用ください！

これから始める相談メール

メール相談は24時間受付中！

TAC 資格例 　検索

中小企業診断士講座のご案内

現役の中小企業診断士が"熱く"語る!
講座説明会&個別相談コーナー

予約不要! 参加無料!

試験制度や学習方法、資格の魅力等について、現役の中小企業診断士が語ります。予約不要、参加無料です。直接会場にお越しください。

ガイダンス終了後には、学習を始めるにあたっての疑問や不安を、講師や合格者等に質問できる「個別相談コーナー」も開催します。

>>ガイダンス日程は、TAC中小企業診断士講座パンフレットまたはTACホームページにてご確認ください。

▶▶▶ | TAC 診断士 ガイダンス | 検索

TACの講義を体感!
無料体験入学制度

体験無料!

TACではお申込み前に講義を無料で体験受講いただけます。
講義の雰囲気や講師・教材をじっくり体験してからお申込みください!

教室で体験

各コースの第1回目の講義の開始前に各校舎の受付窓口にてお手続きください。
予約不要です。

ビデオブースで体験

TACのビデオブースで第1回目の講義を受講できます。ご都合の良い日時を下記よりご予約ください。

03-5276-8988 [受付時間] 月 ～ 金／9:30～19:00 土・日・祝／9:30～18:00

インターネットで体験

TACホームページ内の「TAC動画チャンネル」より体験講義のご視聴が可能です。

▶▶▶ | TAC 診断士 動画チャンネル | 検索

当ページでご紹介しているサービスは、全て無料です。ぜひご活用ください。

資格の学校 TAC

各種セミナー・体験講義を見たい！
TAC動画チャンネル　視聴無料！

資格の概要や試験制度・TACのカリキュラムをご説明する「講座説明会」、実務の世界や戦略的な学習方法、試験直前対策などをお話する「セミナー」等、多様なジャンルの動画を無料でご覧いただけます！

▶▶▶ [TAC 診断士 動画チャンネル] 検索

読者にオススメの動画！

ガイダンス

中小企業診断士の魅力とその将来性や、効率的・効果的な学習方法等を紹介します。ご自身の学習計画の参考として、ぜひご覧ください！

主なテーマ例
- ▶ 中小企業診断士の魅力
- ▶ 試験制度
- ▶ 初学者向けコースガイダンス
- ▶ 無料体験講義（Web視聴）

各種セミナー

各種情報や教室で開催したセミナーを無料配信しています。中小企業診断士受験生に役立つ情報が盛りだくさんです！

主なテーマ例
- ▶ 1次直前対策セミナー
- ▶ 2次直前対策セミナー
- ▶ 2次口述試験対策セミナー
- ▶ キャリアアップ＆起業・創業・独立開業セミナー　等

開講コースのご案内

学習したい科目のみのお申込みができる、学習経験者向けカリキュラム
1次上級単科生（応用+直前編）

- ☐ 必ず押さえておきたい論点や合否の分かれ目となる論点をピックアップ！
- ☐ 実際に問題を解きながら、解法テクニックを身につける！
- ☐ 習得した解法テクニックを実践する答案練習！

カリキュラム ※講義の回数は科目により異なります。

◀―― 1次応用編 2020年10月～2021年4月 ――▶ ◀―― 1次直前編 2021年5月～ ――▶

1次上級講義
[財務5回/経済5回/中小3回/その他科目各4回]
講義140分/回
過去の試験傾向を分析し、頻出論点や重要論点を取り上げ、実際に問題を解きながら知識の再確認をするとともに、解法テクニックも身につけていきます。
[使用教材]
1次上級テキスト（上・下巻）
➡INPUT⬅

1次上級答練
[各科目1回]
答練60分+解説80分
1次上級講義で学んだ知識を確認・整理し、習得した解法テクニックを実践する答案練習です。
[使用教材]
1次上級答練
⬅OUTPUT➡

1次完成答練
[各科目2回]
答練60分+解説80分/回
重要論点を網羅した、TAC厳選の本試験予想問題による答案練習です。
[使用教材]
1次完成答練
⬅OUTPUT➡

1次最終講義
[各科目1回]
講義140分/回
1次対策の最後の総まとめです。法改正などのトピックを交えた最新情報をお伝えします。
[使用教材]
1次最終講義レジュメ
➡INPUT⬅

1次試験【2021年7月（推定）】

1次養成答練 [各科目1回] ※講義回数には含まず。
基礎知識の確認を図るための1次試験対策の答案練習です。
配布のみ・解説講義なし・採点あり
⬅OUTPUT➡

さらに！ 「1次基本単科生」の教材付き！（配付のみ・解説講義なし）
◇基本テキスト　◇講義サポートレジュメ　◇1次養成答練　◇トレーニング　◇1次過去問題集

学習メディア

教室講座

ビデオブース講座

Web通信講座

DVD通信講座

開講予定月

- ◎企業経営理論／10月
- ◎経営情報システム／10月
- ◎財務・会計／10月
- ◎経営法務／10月
- ◎運営管理／10月
- ◎中小企業経営・政策／11月
- ◎経営学・経済政策／10月

1科目から申込できます！ ※詳細はホームページまたはパンフレットをご覧ください。

資格の学校 **TAC**

2021(令和3)年合格目標　公開模試
本試験を体感できる!実力がわかる!

受験者数の多さが信頼の証。全国最大級の公開模試!

中小企業診断士試験、特に2次試験においては、自分の実力が全体の中で相対的にどの位置にあるのかを把握することが非常に大切です。独学や規模の小さい受験指導校では把握することが非常に困難ですが、TACは違います。規模が大きいTACだからこそ得られる成績結果は極めて信頼性が高く、自分の実力を相対的に把握することができます。

1次公開模試 2019年度受験者数 **3,278名**

2次公開模試 2019年度受験者数 **2,374名**

TACだから得られるスケールメリット!
規模が大きいから正確な順位を把握し効率的な学習ができる!

TACの成績は全国19の直営校舎にて講座を展開し、多くの方々に選ばれていますので、受験生全体の成績に近似しており、**本試験に近い成績・順位を把握**することができます。
さらに、他のライバルたちに差をつけられている、自分にとって本当に克服しなければいけない**苦手分野を自覚**することができ、より効率的かつ効果的な学習計画を立てられます。

規模の小さい受験指導校で得られる成績・順位よりも…

この母集団で今の成績なら大丈夫!

規模の大きい**TAC**なら、本試験に近い成績が分かる!

実施予定
1次公開模試:2021年5/29(土)・30(日)実施予定
2次公開模試:2021年9/5(日)実施予定

詳しくは公開模試パンフレットまたはTACホームページをご覧ください。

1次公開模試:2021年2月中旬完成予定　2次公開模試:2021年7月上旬完成予定

https://www.tac-school.co.jp/　　TAC　診断士　[検索]

TAC出版 書籍のご案内

TAC出版では、資格の学校TAC各講座の定評ある執筆陣による資格試験の参考書をはじめ、資格取得者の開業法や仕事術、実務書、ビジネス書、一般書などを発行しています！

TAC出版の書籍
*一部書籍は、早稲田経営出版のブランドにて刊行しております。

資格・検定試験の受験対策書籍

- 日商簿記検定
- 建設業経理士
- 全経簿記上級
- 税理士
- 公認会計士
- 社会保険労務士
- 中小企業診断士
- 証券アナリスト
- ファイナンシャルプランナー(FP)
- 証券外務員
- 貸金業務取扱主任者
- 不動産鑑定士
- 宅地建物取引士
- マンション管理士
- 管理業務主任者
- 司法書士
- 行政書士
- 司法試験
- 弁理士
- 公務員試験(大卒程度・高卒者)
- 情報処理試験
- 介護福祉士
- ケアマネジャー
- 社会福祉士　ほか

実務書・ビジネス書

- 会計実務、税法、税務、経理
- 総務、労務、人事
- ビジネススキル、マナー、就職、自己啓発
- 資格取得者の開業法、仕事術、営業術
- 翻訳書 (T's BUSINESS DESIGN)

一般書・エンタメ書

- エッセイ、コラム
- スポーツ
- 旅行ガイド (おとな旅プレミアム)
- 翻訳小説 (BLOOM COLLECTION)

(2018年5月現在)

書籍のご購入は

1 全国の書店、大学生協、ネット書店で

2 TAC各校の書籍コーナーで

資格の学校TACの校舎は全国に展開!
校舎のご確認はホームページにて

資格の学校TAC ホームページ
https://www.tac-school.co.jp

3 TAC出版書籍販売サイトで

24時間
ご注文
受付中

TAC 出版　で　検索

https://bookstore.tac-school.co.jp/

- 新刊情報を いち早くチェック!
- たっぷり読める 立ち読み機能
- 学習お役立ちの 特設ページも充実!

TAC出版書籍販売サイト「サイバーブックストア」では、TAC出版および早稲田経営出版から刊行されている、すべての最新書籍をお取り扱いしています。
また、無料の会員登録をしていただくことで、会員様限定キャンペーンのほか、送料無料サービス、メールマガジン配信サービス、マイページのご利用など、うれしい特典がたくさん受けられます。

サイバーブックストア会員は、特典がいっぱい! (一部抜粋)

通常、1万円(税込)未満のご注文につきましては、送料・手数料として500円(全国一律・税込)頂戴しておりますが、1冊から無料となります。

メールマガジンでは、キャンペーンやおすすめ書籍、新刊情報のほか、「電子ブック版 TACNEWS(ダイジェスト版)」をお届けします。

専用の「マイページ」は、「購入履歴・配送状況の確認」のほか、「ほしいものリスト」や「マイフォルダ」など、便利な機能が満載です。

書籍の発売を、販売開始当日にメールにてお知らせします。これなら買い忘れの心配もありません。

2021年度 中小企業診断士試験
（第1次試験・第2次試験）

TAC出版では、中小企業診断士試験（第1次試験・第2次試験）にスピード合格を目指される方のために、科目別、用途別の書籍を刊行しております。資格の学校TAC中小企業診断士講座とTAC出版が強力なタッグを組んで完成させた、自信作です。ぜひご活用いただき、スピード合格を目指してください。

※刊行内容・刊行月・装丁等は変更になる場合がございます。

基礎知識を固める

▶ みんなが欲しかった!シリーズ

みんなが欲しかった！中小企業診断士 合格へのはじめの一歩 好評発売中
A5判
- フルカラーでよくわかる、「本気でやさしい入門書」試験の概要、学習プランなどのオリエンテーションと、科目別の主要論点の入門講義を収載。

みんなが欲しかった！中小企業診断士の教科書
上：企業経営理論、財務・会計、運営管理
下：経済学・経済政策、経営情報システム、経営法務、中小企業経営・政策
A5判　10～11月刊行　全2巻
- フルカラーでおもいっきりわかりやすいテキスト
- 科目別の分冊で持ち運びラクラク
- 赤シートつき

みんなが欲しかった！中小企業診断士の問題集
上：企業経営理論、財務・会計、運営管理
下：経済学・経済政策、経営情報システム、経営法務、中小企業経営・政策
A5判　10～11月刊行　全2巻
- 診断士の教科書に完全準拠
- 各科目とも論点別に約50問収載
- 科目別の分冊で持ち運びラクラク

▶ 最速合格シリーズ

科目別 全7巻
① 企業経営理論
② 財務・会計
③ 運営管理
④ 経済学・経済政策
⑤ 経営情報システム
⑥ 経営法務
⑦ 中小企業経営・中小企業政策

最速合格のための スピードテキスト
A5判　9月～12月刊行
- 試験に合格するために必要な知識のみを集約。初めて学習する方はもちろん、学習経験者も安心して使える基本書です。

科目別 全7巻
① 企業経営理論
② 財務・会計
③ 運営管理
④ 経済学・経済政策
⑤ 経営情報システム
⑥ 経営法務
⑦ 中小企業経営・中小企業政策

最速合格のための スピード問題集
A5判　9月～12月刊行
- 『スピードテキスト』に準拠したトレーニング用問題集。テキストと反復学習していただくことで学習効果を飛躍的に向上させることができます。

1次試験への総仕上げ

最速合格のための 第1次試験過去問題集
A5判　11月刊行
- 過去問は本試験攻略の上で、絶対に欠かせないトレーニングツールです。また、出題論点や出題パターンを知ることで、効率的な学習が可能となります。5年分の本試験問題を科目別にまとめた本書は、丁寧な解説つきで、理解もぐんぐん進みます。

科目別 全7巻
① 企業経営理論　③ 運営管理　⑤ 経営情報システム　⑦ 中小企業経営・中小企業政策
② 財務・会計　④ 経済学・経済政策　⑥ 経営法務

受験対策書籍のご案内　TAC出版

要点整理と弱点補強

全2巻
1日目
（経済学・経済政策、財務・会計、
企業経営理論、運営管理）
2日目
（経営法務、経営情報システム、
中小企業経営・中小企業政策）

最速合格のための
要点整理ポケットブック
B6変形判　1月刊行
● 第1次試験の日程と同じ科目構成の「要点まとめテキスト」です。コンパクトサイズで、いつでもどこでも手軽に確認できます。買ったその日から本試験当日の会場まで、フル活用してください！

好評発売中

集中特訓 財務・会計 計算問題集 第7版
B5判
● 財務・会計を苦手とする受験生の「計算力」を飛躍的に向上することを目的として、第1次試験の基礎的なレベルから、第2次試験の応用レベルまでを広くカバーした良問を厳選して収載しました。集中特訓で苦手科目脱却を図りましょう。

2次試験への総仕上げ

最速合格のための
第2次試験 過去問題集
B5判　1月刊行
● 過去5年分の本試験問題を収載し、問題文の読み取り方から解答作成まで丁寧に解説しています。抜き取り式の解答用紙付きです。最高の良問である過去問題に取り組んで、合格をたぐりよせましょう。

集中特訓 診断士 第2次試験 第2版
B5判
● 本試験と同様の4つの事例を4回分、計16問の問題を収載。実際に問題を解き、必要な確認・修正を行い、次の問題に取り組むことを繰り返すことで、2次試験への対応力を高めることができます。

好評発売中

TACの書籍はこちらの方法でご購入いただけます

1 全国の書店・大学生協　**2** TAC各校 書籍コーナー　**3** インターネット

CYBER BOOK STORE　TAC出版書籍販売サイト
アドレス　https://bookstore.tac-school.co.jp/

・2020年8月現在　・価格等詳細は、決定しだい上記のサイバーブックストアに掲載されますのでご参照ください

書籍の正誤についてのお問合わせ

万一誤りと疑われる箇所がございましたら、以下の方法にてご確認いただきますよう、お願いいたします。

なお、正誤のお問合わせ以外の書籍内容に関する解説・受験指導等は、**一切行っておりません。**
そのようなお問合わせにつきましては、お答えいたしかねますので、あらかじめご了承ください。

1 正誤表の確認方法

TAC出版書籍販売サイト「Cyber Book Store」の
トップページ内「正誤表」コーナーにて、正誤表をご確認ください。

CYBER TAC出版書籍販売サイト
BOOK STORE

URL:https://bookstore.tac-school.co.jp/

2 正誤のお問合わせ方法

正誤表がない場合、あるいは該当箇所が掲載されていない場合は、書名、発行年月日、お客様のお名前、ご連絡先を明記の上、下記の方法でお問合わせください。
なお、回答までに1週間前後を要する場合もございます。あらかじめご了承ください。

文書にて問合わせる

● 郵 送 先　〒101-8383 東京都千代田区神田三崎町3-2-18
　　　　　　TAC株式会社 出版事業部 正誤問合わせ係

FAXにて問合わせる

● FAX番号　**03-5276-9674**

e-mailにて問合わせる

● お問合わせ先アドレス　**syuppan-h@tac-school.co.jp**

お電話でのお問合わせは、お受けできません。

各種本試験の実施の延期、中止を理由とした本書の返品はお受けいたしません。返金もいたしかねますので、あらかじめご了承くださいますようお願い申し上げます。

(2020年4月現在)